JN430328

런치 샌드위치

OBENTO SANDO

©Yoko Wakayama 2020

First published in Japan in 2020 by KADOKAWA CORPORATION, Tokyo.

Korean translation rights arranged with KADOKAWA CORPORATION, Tokyo through AMO AGENCY.

이 책의 한국어판 저작권은 AMO 에이전시를 통해 저작권자와 독점 계약한 리틀프레스에 있습니다.

저작권법에 의해 한국 내에서 보호를 받는 저작물이므로 무단 전재와 무단 복제를 금합니다.

런치 샌드위치

자랑하고 싶어지는 나만의 샌드위치 레시피

와카야마 요코 지음

송유선 옮김

리틀프레스

머리말

샌드위치는 자유자재로 만들 수 있는 요리입니다.
그렇게 생각한 계기는 초등학생 때 먹은 햄 샌드위치였습니다.
독일에서 귀국한 동급생이 도시락으로 싸 온 샌드위치는 식빵 사이에 햄을 끼운 간단한 것이었지만 식빵보다 햄 부분이 훨씬 두꺼웠습니다.

지금 생각해보면 독일은 햄과 소시지의 나라. 하지만 그 시절 일본 시골에서 팔았던 것은 아주 얇은 햄뿐이었어요. 친구 어머님이 고심해서 만드신 듯한 그 샌드위치는 층층이 여러 겹으로 쌓인 햄이 식빵 사이에 끼워져 있었습니다.

친구와 수다를 덜면서도 제 눈은 그 샌드위치에 고정되어 있었어요. 친구가 나눠준 한 조각은 재료는 항상 먹던 같은 햄, 빵인데 균형이 달라진 것만으로 특별히 더 맛있게 느껴졌습니다.

맞아요. 샌드위치는 안에 끼우는 재료도 빵도 모두 자유자재입니다.
집에 있는 것을 생각나는 대로 끼워 가볍게 먹어도 좋고, 몇 겹씩 겹쳐 맛과 식감의 하모니를 계산하여 입에 넣었을 때의 맛과 느낌을 추구할 수도 있어요.

이번에 책을 만들게 되어 두근거리면서도 한편으로 샌드위치의 자유로움에 어려움도 느꼈습니다. 안에 들어갈 재료, 빵에 바를 버터나 페이스트, 그리고 빵. 세 가지 구성요소의 균형과 갓 만들었을 때는 물론 시간이 지나도 맛있게 먹을 수 있도록 중시했습니다. 그것이야말로 제가 생각하는 샌드위치의 매력이기 때문이에요.

이 책에서는 심플하게 맛의 조합을 즐기는 간단한 특급 샌드위치부터, 한 그릇의 요리에 필적할 만한 만족감을 주는 볼륨 샌드위치, 평소 익숙한 조합에서 조금만 응용하여 이국을 느낄 수 있는 샌드위치, 디저트와 같이 달콤하고 예쁜 샌드위치 등 조금 욕심 내어 레시피를 담았습니다.

빵 사이에 재료를 넣는 것만으로 빵도 재료도 훨씬 맛있어지는 샌드위치는, 자유롭고 편리하며 즐거운 요리입니다.

와카야마 요코

Contents

PART 1.
Egg Sandwiches

모두가 좋아하는 **달걀 샌드위치**

PART 2.
Quick Sandwiches

3분 만에 만들 수 있는
초특급 샌드위치

PART 3.
World Sandwiches

여행 기분을 맛볼 수 있는
세계의 일품 샌드위치

이 책의 규칙

- 1작은술은 5ml, 1큰술은 15ml, 1컵은 200ml입니다. 1꼬집은 엄지, 검지, 중지 세 손가락 끝으로 집은 양입니다.
- 가열 조리의 불 조절은 ㄱ·스레인지 사용을 기준으로 했습니다. IH 조리기 등을 사용하는 경우는 조리 기구의 표시를 참고해주세요.
- 전자레인지는 600W의 제품을 기준으로 했습니다. 500W라면 1.2배, 700W라면 0.9배의 시간으로 가열해주세요.
- 소금은 천연소금, 올리브오일은 엑스트라 버진 오일을 사용했습니다.
- 버터는 특별히 표기하지 않은 경우는 가염버터를 사용했습니다.
- 야채나 과일은 특별히 표기하지 않은 경우는 껍질을 까고 심이나 씨를 제거하였습니다.
- 수제 조미료나 보존할 수 있는 요리를 보관하는 용기는 잘 씻어서 완전히 말린 후 청결히 하여 사용해주세요.
- 각각의 샌드위치 레시피에 빵 종류, 재료가 명기되어 있습니다. 재료는 아래부터 빵에 겹치는 순서로 기재하였습니다.

PART 4.
Vegetable Sandwiches

만들어둔 재료를 사용한
야채 듬뿍 샌드위치

미리 만들어두면 편리한 속재료

포인트로 주기 좋은 초절임

PART 5.
Meat & Seafood Sandwiches

볼륨 만점
고기 & 해산물 샌드위치

고기 샌드위치

ROAST PORK. Variations
로스트 포크로 만드는 응용 샌드위치

SALAD-CHICKEN. Variations
샐러드 치킨으로 만드는 응용 샌드위치

PART 6.
Sweet Sandwiches

디저트로 먹기 좋은
스위트 샌드위치

샌드위치는 도시락으로 잘 어울려요

바로 만든 것도, 조금 시간이 지나도 맛있게 먹을 수 있다는 점이 샌드위치의 첫 번째 매력. 가족 식사 타이밍이 어긋날 때가 많은 요즘, 샌드위치라면 아침 식사나 점심 식사로 가볍게 맛볼 수 있어요. 물론 포트럭 파티에도 추천해요. 폭넓게 '도시락'으로 사용할 수 있는 든든한 존재입니다.

실패가 없다

맛있는 시판용 빵과 쉽게 구할 수 있는 식재료만 사용하면 '아차…' 하고 어깨를 떨굴 만큼 실패할 일이 없습니다. 대부분의 레시피는 어려운 테크닉이 필요하지 않아요. 빵이나 재료의 조합에 따라 다양한 응용 메뉴도 만들 수 있습니다.

불을 사용하지 않고 만들 수 있다

바빠서 허둥대는 날도 빵에 재료를 '잘라서 끼운다', '섞어서 끼운다'와 같이 불을 사용하지 않는 레시피라면 금세 만들 수 있어요. 만약 여유가 있는 날이라면 조금만 시간을 들여 더욱 맛있어지는 레시피에 꼭 도전해보세요.

잘라도, 자르지 않아도 된다

가볍게 집어 먹을 수 있도록 절반이나 4등분으로 잘라도 좋아요. 빵에 재료를 끼운 상태로 그대로 먹어도 좋아요. 볼륨을 내거나 보기 좋게 하기 위해 자르거나 자르지 않아도 돼요. 맛에 설렘을 더하는 재미가 있어요.

간편하게 들고 다닐 수 있다

도시락 가방에 담으면 내용물이 망가지지 않는 장점이 있지만 계속 들고 다니기에는 방해가 될 수도 있어요. 하지만 랩으로 감싸기만 하면 부피가 커지지 않고 다 먹은 후에는 짐이 훨씬 가벼워집니다.

먹는 사람의 수나 장소, 취향, 혹은 지금 냉장고에 있는 재료를 사용하고 싶은 경우 등 샌드위치는 다양한 상황에 맞춰 즐길 수 있어요. 이 책에서는 그럴 때 바로 만들 수 있는 레시피를 모아 소개하고 있습니다. 자랑하고 싶어질 만한 샌드위치를 만들어 일상생활을 보다 풍요롭게 만들어보세요.

나의 샌드위치 규칙

먼저, 샌드위치를 만들 때 항상 유의하는 점에 대해 소개합니다.
포인트를 알아두면 준비부터 완성까지 원활하게 진행할 수 있고, 방금 막 만든 것도
시간이 조금 지난 것도 맛있게 먹을 수 있습니다.

1. 빵의 기본은 식빵과 바게트

이 책에서는 구하기 쉽고 다양한 재료와 잘 어울리는 식
빵과 바게트를 주로 사용합니다. 식빵은 사각식빵 외에
산형식빵도 사용합니다. 재료나 소스와 잘 맞을지를 생
각하면서 고르는데, 식빵은 두께로 맛이 변하기 때문에
커트 개수도 기재해두었습니다. 피타빵이나 핫도그용을
사용한 레시피도 있는데 모두 재료와의 궁합을 고려한
것입니다.

2. 샐러드를 곁들인다는 느낌으로
야채를 넣는다

때로는 한두 조각으로 한 끼의 식사가 되는 샌드위치. 따라서 메인 요리와 부재료가 완벽하다면 더할 나위 없겠지요. 한정된 공간에 이것저것 넣는 것이 어렵지만 야채는 한 종류로도 식감과 풍미에 깊이가 생기며 영양가가 높아진다는 장점이 있어요. 야채가 적다고 느껴지면 피클 등을 따로 곁들여도 좋아요.

3. 버터, 마요네즈, 크림치즈, 생크림 등으로
수분을 차단한다

빵이 재료의 물기를 빨아들여 질퍽거리게 되는 안타까운 일이 발생하지 않도록, 재료를 끼우는 면에 버터나 마요네즈 등의 유지 재료를 발라 코팅합니다. 수분이 스며드는 것을 막아줍니다. 재료를 오일이나 마요네즈, 생크림 등의 유지 재료로 버무리거나 조리한 것은 그대로 빵에 끼워 먹어도 좋아요.

4. 야채는 물기를 확실히 제거한다

빵은 물론 속재료의 선도와 맛을 유지하기 위해 물기를 없애는 것은 대전제입니다. 듬뿍 넣은 야채는 정말 매력적이지만 조미료에 따라 수분이 상상 이상으로 나오는 경우도 있습니다. 따라서 사전준비로 물기는 키친타월을 이용해 확실히 제거합니다. 토마토는 씨 부분에 수분을 많이 머금고 있기 때문에 생으로 사용하는 경우에는 제거하는 것이 좋습니다.

5. 속재료가 안정될 수 있는 재료를 더한다

속재료가 어긋나거나 빠지지 않게 하고 먹기 쉽도록 빵과 속재료, 재료와 재료를 붙일 또 다른 재료가 중요합니다. 마요네즈나 휘핑크림 외에 치즈도 편리합니다. 또 삶은 달걀이나 볶은 깨를 간 것, 건조 과일과 같이 물기를 적당히 흡수하는 식재료를 더하는 것도 추천해요. 일체감을 만들 뿐만 아니라 풍미도 더해줍니다.

기본 순서

빵+유분+속재료. 이렇게 심플한 구성도 샌드위치의 매력이에요.
기본 스텝을 밟아 나가면 다양한 응용 방법을 즐길 수 있습니다.

1. 빵에 유분을 바른다

풍미를 더하면서 물기의 흡수를 막기 위해 빵
표면에 버터와 같은 유분을 바른다. 버터는 실
온으로 만들어두면 바르기 쉽다. 빵은 먼저 토
스터에 구워 바삭하게 만들어두어도 좋다.

2. 속재료를 올린다

속재료는 평평한 것부터 빵 위에 차곡차곡 겹친
다. 균등하게 올리면 자르기 쉽고 먹기 쉬우며
중앙에 봉긋하게 쌓으면 볼륨 있는 샌드위치가
된다.

3. 빵으로 덮는다

올린 속재료가 무너지지 않도록 다른 한 장의
빵을 올려 덮는다. 마지막으로 손으로 살짝 눌
러 안정시킨다. 자르는 법이나 귀퉁이를 자를지
말지는 취향대로 선택한다.

자르기 어렵거나 속재료가 많은
샌드위치를 자르는 방법

속재료가 어긋나거나 무너질 염려가 있는 샌드위치를 자르는 방법입니다.
칼은 자를 때마다 물에 적신 키친타월로 닦으면 깔끔하게 자를 수 있습니다.

이쑤시개나 꼬치를 꽂는다

자를 선을 사이에 두고 2~4곳에 꽂는다. 꽂은
이쑤시개나 꼬치가 아래 빵까지 닿는 얇은 샌드
위치에 적합하다.

손으로 누른 다음 랩으로 감싼다

속재료가 많은 샌드위치는 위에서 손으로 가볍
게 눌러 랩으로 감싼 다음 자른다. 크림이 들어
간 경우는 가벼운 누름돌 등을 이용해 눌러 냉
장실에 넣었다가 꺼내면 자르기 쉽다.

맛있어 보이는 단면으로 자르는 방법

무심코 쳐다보게 되는 예쁘고 화려한 단면은 식욕을 자극합니다. 잘랐을 때의 단면을 의식하여 속재료를 올리고, 랩으로 감싸 속재료를 차분히 가라앉힐 때에 유성펜으로 랩에 자를 위치를 표시해둡시다.

 →

재료를 세로로 나열하고 재료의 가운데를 자른다

세로로 절반을 자르고 싶은 경우 속재료를 세로 일직선으로 나열하여 자른다. 재료의 방향은 똑같이 한다.

 →

재료를 조금씩 겹쳐 가로로 길게 나열하고 재료의 가운데를 자른다

속재료가 얇은 경우에는 겹치거나 접어서 볼륨을 만든 다음 세로로 자르면 먹기 쉽다.

 →

재료를 가로로 길게 나열하여 재료의 가운데를 자른다

야채나 과일의 길이를 살리고 싶은 경우는 우선 빵의 폭과 같은 길이로 자른 다음 가로로 길게 나열하여 세로로 자른다.

먹기 쉽게 자르는 방법

속재료의 종류나 양, 용기, 상황에 맞춰 자릅니다.
빵으 귀퉁이를 남기면 식감이 살고 잘라내면 식감이 부드러워집니다.

A : 직사각형

식빵의 각과 평행하게 세로, 혹은 가로로 절반
자른다. 빵의 넓은 면 사이에 재료를 끼워 손으
로 잡기 쉽기 때문에 볼륨 있는 샌드위치에 어
울린다.

B : 삼각형

각을 대각선으로 연결하여 자른다. 직사각형보
다 깔끔한 느낌이며 세웠을 때 보기 좋다. 둔각
이 되기 때문에 재료가 흘러넘치거나 어긋나지
않는 속재료에 적합하다.

C : 작은 사각형

A를 한 번 더 반으로 잘라 네 조각으로 만든 것
이다. 손가락으로 가볍게 잡아 품위 있게 먹어
야 하는 장소에도 어울린다. 속재료의 밀착도가
높은 샌드위치에 적합하다.

D : 작은 삼각형

B를 한 번 더 반으로 잘라 네 조각으로 만든 것
이다. C와 마찬가지로 가볍게 집을 수 있는 크기
면서 각이 뾰족하기 때문에 보다 먹기 편하다.
속재료가 적은 샌드위치에 어울린다.

D : 사다리꼴

각을 남기면서 비스듬하게 반으로 자른다. 재료
가 많은 샌드위치, 얇은 샌드위치 모두 어울린
다. 세울 수 있는 두께라면 서로 엇갈려 쌓아 볼
륨감을 만들 수 있다.

PART 1.

Egg
Sandwiches

모두가 좋아하는 달걀 샌드위치

언제 어디서나 구할 수 있고 가격도 부담되지 않는 달걀은 샌드위치의 단골 재료입니다. 달걀말이를 만들거나 삶은 달걀을 으깨서 딥으로 만들거나 오믈렛으로 만드는 등 맛도 모양도 자유자재. 함께 조합하는 속재료나 조미료에 조금만 아이디어를 더하면 항상 먹던 달걀 샌드위치가 더욱더 맛있어질 거예요.

Egg
Sandwiches 1.

달걀말이 샌드위치

빵 종류 식빵
속재료 달걀말이, 오이

가다랑어포 육수를 듬뿍 사용하여 부드럽고 폭신하게 완성한 달걀말이. 얇게 썬 아삭아삭한 오이와 톡 쏘는 연겨자로 포인트를 주었어요.

Ingredients (2인분)

- □ 식빵(5~6장짜리) … 2장
- □ 달걀말이
  - 달걀 … 3개
  - 가다랑어 육수 … 70ml
  - A 연간장 … 1작은술
    - 미림 … 1작은술
    - 녹말가루 … 1/2작은술
    - 소금 … 약간
  - 식용유 … 적당량
- □ 오이(얇게 어슷썬 것) … 1/3개
- □ B 마요네즈 … 1큰술
  - 연겨자 … 1작은술

Recipe

1. 달걀말이를 만든다. 볼에 달걀을 깨서 넣고 흰자를 자르듯이 젓가락으로 섞는다. 가다랑어 육수, A를 넣고 잘 섞는다.

2. 달걀말이 팬에 식용유를 약간 넣고 중불에 올린다. **1**의 1/3 양을 흘려 넣어 펼친다. 반숙이 되면 뒤에서 앞으로 말고 구석으로 모은다. 빈 곳에 키친타월로 얇게 기름을 바르고 같은 양의 달걀액을 붓는다. 말아놓은 달걀을 약간 들어올려 달걀액이 아래로 흘러 들어가게 한 다음 뒤에서 앞으로 말고 다시 구석으로 모은다. 같은 방법으로 한 번 더 반복한 후 배트에 꺼내 식힌다.

3. B를 섞어 빵의 한쪽 면에 바른다. 빵 1장에 오이를 조금씩 겹쳐 올리고 달걀말이를 올린다. 나머지 빵으로 덮는다.

- 육수는 가다랑어포 다시마 육수(하단 참조)를 만들어 사용하거나, 가다랑어포 작은 팩 하나에 뜨거운 물 100ml를 부어 우린 것을 사용해도 된다.
- 자를 때는 랩으로 감싼 다음 랩째로 자르면 편리하다.
- 오이를 가로로 길게 놓고 세로로 자르면 사진과 같은 단면이 된다.

1   2   3-1   3-2

가다랑어포 다시마 육수

Ingredients (만들기 쉬운 분량)

- □ 다시마(5×8cm 크기) … 1장
- □ 가다랑어포 … 7g
- □ 물 … 500ml

Recipe

1. 다시마를 분량의 물에 담가 냉장실에 하룻밤 둔다.

2. **1**을 냄비에 넣고 다시마를 꺼낸 다음 중불에 올린다. 보글보글 끓어오르면 불을 끄고 가다랑어포를 넣는다. 가다랑어포가 냄비 바닥에 가라앉으면 체로 건진다.

- 보존용기에 넣어 냉장에서 약 3일간 보존 가능하다.

허브 스크램블드에그 샌드위치

빵 종류 식빵
속재료 스크램블드에그, 허브, 사워크림

폭신하고 촉촉한 에그 샌드위치는 적당히 씹는 맛이 있으면서 가벼운 산미가 특징인 사워크림이 포인트예요. 향과 색을 살린 허브는 사워크림 위에 뿌려주세요.

Ingredients (2인분)

□ 식빵(8장짜리) … 4장

□ 스크램블드에그

    달걀 … 4개

    우유 … 90ml

    소금 … 1/3작은술

    후추 … 약간

    버터 … 1½큰술

□ A 사워크림 … 50g

    └ 소금 … 1꼬집

□ 허브(잘게 다진 것) … 2~3큰술

    * 처빌이나 딜 등 취향에 맞게 고른다.

□ 버터(실온에 둔 것) … 약간

Recipe

1. 스크램블드에그를 만든다. 볼에 달걀을 깨서 넣고 우유, 소금, 후추를 넣어 흰자를 자르듯이 젓가락으로 확실히 섞는다.

2. 프라이팬에 버터를 넣고 중불에 올려 녹인다. 버터가 전부 녹으면 **1**을 한 번에 흘려 넣는다. 젓가락으로 크게 섞고 반숙이 되면 배트에 꺼내 식힌다.

3. A를 섞어 빵 2장의 한쪽 면에 바르고 허브를 뿌린다. 스크램블드에그를 올리고 나머지 빵의 한쪽 면에 버터를 얇게 바른 다음 합친다.

• 자를 때는 랩으로 감싼 다음 랩째로 자르면 편리하다.

머시룸 스크램블드에그 샌드위치

빵 종류 식빵
속재료 스크램블드에그,
양송이버섯 소테

버터를 듬뿍 넣어 볶은 머시룸은 감칠맛이 진해요. 스크램블드에그를 쌓아 한층 더 짙은 맛으로 완성합니다.

Ingredients (2인분)

□ 식빵(8장짜리) … 4장
□ 스크램블드에그
　달걀 … 4개
　우유 … 90ml
　소금 … 1/3작은술
　후추 … 약간
　버터 … 1½큰술
□ 양송이버섯 소테
　양송이버섯(얇게 썬 것)
　… 18개분(200g)
　버터 … 1큰술
　소금, 후추 … 각 약간
□ A 머스타드 … 1작은술
　└ 버터(실온에 둔 것) … 1큰술

Recipe

1. 스크램블드에그를 만든다. 볼에 달걀을 깨서 넣고 우유, 소금, 후추를 넣어 흰자를 자르듯 젓가락으로 확실히 섞는다.

2. 프라이팬에 버터를 넣고 중불에 올려 녹인다. 버터가 전부 녹으면 **1**을 한 번에 흘려 넣는다. 젓가락으로 크게 섞고 반숙이 되면 배트에 꺼내 식힌다.

3. 양송이버섯 소테를 만든다. 프라이팬을 깨끗이 닦그 버터를 넣어 중불에 올린다. 버터가 녹으면 양송이버섯을 볶는다. 소금, 후추로 간을 맞춘다.

4. A를 섞어 빵 한쪽 면에 바른다. 빵 2장에 **2**, **3**을 올리고 나머지 빵으로 덮는다.

• 자를 때는 랩으로 감싼 다음 랩째로 자르면 편리하다.

달걀프라이와 양상추 샌드위치

빵 종류 바게트

속재료 고수, 달걀프라이, 볶은 양상추

달걀프라이를 튀기듯 만든 음식은 태국 요리에서 자주 볼 수 있어요. 여기에 양상추를 조합했습니다. 에스닉함을 살리기 위해 양상추는 식감을 살리면서 약하게 볶았어요.

Ingredients (2인분)

□ 바게트 ⋯ 40cm

□ 달걀 ⋯ 2개

□ 양상추 ⋯ 4~5장

□ 참기름 ⋯ 1큰술

□ A 굴소스 ⋯ 1큰술

　└ 두반장 ⋯ 1/4작은술

□ B 머스타드 ⋯ 2작은술

　└ 버터(실온에 둔 것) ⋯ 1작은술

□ 고수(큼직하게 썬 것) ⋯ 적당량

Recipe

1. 프라이팬에 참기름을 넣고 중불에 올려 가열한 다음 달걀을 깨서 넣는다. 흰자의 색이 변하면 노른자를 덮듯이 흰자를 접는다. 양면이 노릇하게 튀겨지면 꺼내서 기름기를 뺀다.

2. 같은 프라이팬에 양상추를 넣고 빠르게 볶는다. 약간 부드러워지면 A를 넣고 빠르게 섞은 다음 불을 끄고 배트에 꺼낸다. 물기를 없앤다.

3. 바게트는 길이를 반으로 자른다. 측면으로 칼을 넣어 칼집을 낸다. B를 섞어 바게트의 단면에 바르고 **2**, **1**, 고수를 순서대로 사이에 끼운다.

• 프라이팬에 남은 양상추의 수분을 조려 소스처럼 뿌려 먹어도 맛있다.

수제 마요네즈 달걀 샌드위치

빵 종류 식빵
속재료 삶은 달걀·방울토마토·
　　　수제 마요네즈를 섞은 것

삶은 달걀만 사용한 샌드위치라도 수제 마요네즈를 더하면 가벼우면서 특별한 맛으로 완성돼요. 방울토마토를 넣으면 시간이 지나도 촉촉함이 살아 있어요. 새콤달콤함이 포인트인 샌드위치입니다.

Ingredients (2인분)

☐ 식빵(8장짜리) … 4장
☐ 삶은 달걀 … 3개
　　* 삶는 정도는 취향에 따라 조절한다.
☐ 방울토마토 … 2개
☐ 수제 마요네즈(하단 참조)
　　… 2~3큰술
☐ 소금, 후추 … 각 약간

Recipe

1. 방울토마토는 껍질에 칼집을 넣고 뜨거운 물에 가볍게 데친 후 껍질을 벗겨 굵게 다진다.

2. 삶은 달걀은 흰자와 노른자를 분리한다. 흰자는 굵게 다져서 볼에 넣고 수제 마요네즈, **1**, 소금, 후추를 넣고 버무린다. 노른자를 굵게 다져 넣고 섞는다.

3. 빵 2장에 **2**를 올려 펼치고 나머지 빵으로 덮는다.

• 자를 때는 랩으로 감싸 가볍게 누름돌로 누르고 냉장실에 약 15분 넣어 속재료를 안정시킨 다음 랩째로 자르면 편리하다.

수제 마요네즈

Ingredients (만들기 쉬운 분량)

☐ 달걀노른자(실온에 둔 것)
　　… 1개분
☐ 화이트와인비네거(혹은 식초)
　　… 1/2큰술
☐ 머스터드 … 1작은술
☐ 소금 … 2/3작은술
☐ 오일(향이 없는 것) … 150ml

Recipe

깊이가 있는 볼에 달걀노른자, 화이트와인비네거, 머스터드, 소금을 넣고 핸드믹서로 확실히 섞는다. 매끄러워지면 오일을 여러 번에 나눠 조금씩 넣고 넣을 때마다 묵직한 크림 상태가 될 때까지 섞는다.

• 보존용기에 넣어 냉장에서 약 10일간 보관 가능하다.

두부마요 심플 달걀 샌드위치

빵 종류 식빵

속재료 삶은 달걀·두부마요네즈를
섞은 것

두부로 만든 마요네즈와 삶은 달걀을 섞어 깔끔한 맛으로 완성하는 건강한 샌드위
치예요. 남은 마요네즈는 데친 야채를 먹을 때 딥으로 활용할 수 있어요.

Ingredients (2인분)

□ 식빵(8장짜리) … 4장

□ 삶은 달걀 … 4개

   * 삶는 정도는 취향에 따라 즈절한다.

□ 두부마요네즈(하단 참조)

   … 4큰술

Recipe

1. 삶은 달걀은 흰자와 노른자를 분리한다. 흰자는 굵게 다져서 볼에 넣
고 두부마요네즈를 넣어 버무린다. 노른자를 굵게 다져 넣고 섞는다.

2. 빵 2장에 1을 올려 펼치고 나머지 빵으로 덮는다.

• 자를 때는 랩으로 감싸 누름돌로 가볍게 누르고 냉장실에 약 15분 넣어 속재료를 안정
시킨 다음 랩째로 자르면 편리하다.

두부마요네즈

Ingredients (만들기 수운 분량)

□ 두부(물기를 없앤 것) … 100g

□ 올리브오일 … 1큰술

□ 머스터드 … 1작은술

□ 소금 … 1/2작은술

Recipe

모든 재료를 볼에 넣어 매끄러워질 때까지 거품기로 잘 섞는다.

• 두부의 물기를 없앨 때는 키친타월로 두부를 감싼 다음 누름돌을 올려 30분 이상 둔다.

두부마요 참치 올리브 샌드위치

빵 종류 식빵

속재료 삶은 달걀·블랙올리브·참치·
두부마요네즈를 섞은 것

앞의 샌드위치 속재료에 참치와 블랙올리브를 추가했어요. 간편하게 감칠맛을 더해 보다 깊은 맛을 추구했어요.

Ingredients (2인분)

☐ 식빵(8장짜리) … 4장

☐ 삶은 달걀 … 2개

    * 삶는 정도는 취향에 따라 조절한다.

☐ 두부마요네즈(p.29 참조)
    … 2큰술

☐ 블랙올리브(씨 제거한 것)
    … 12개

☐ 참치캔 … 작은 것 1캔(70g)

Recipe

1. 올리브는 굵게 다진다. 삶은 달걀은 흰자와 노른자를 분리한다. 흰자는 큼직하게 자르고 노른자는 굵게 다진다. 참치는 기름기를 제거한다.

2. 올리브, 달걀흰자, 참치를 볼에 담고 두부마요네즈를 넣어 버무린다. 노른자를 넣고 빠르게 섞는다.

3. 빵 2장에 **2**를 올려 펼치고 나머지 빵으로 덮는다.

• 자를 때는 랩으로 감싸 가볍게 누름돌로 누르고 냉장실에 약 15분 넣어 속재료를 안정시킨 다음 랩째로 자르면 편리하다.

오믈렛 샌드위치

빵 종류 식빵
속재료 겨자마요네즈, 오믈렛,
케첩 소스

오믈렛은 달걀을 찌듯이 구워 폭신하게 완성하여 빵에 어우러질 수 있도록 따뜻할 때 샌드합니다. 케첩과 소스가 절묘하게 어우러져 맛을 돋워줘요

Ingredients (2인분)

□ 식빵(5~6장짜리) … 2장
□ 오믈렛
    달걀 … 4개
    우유 … 100ml
    소금 … 1/4작은술
    후추 … 약간
    버터 … 1큰술
□ A 연겨자 … 1작은술
    └ 마요네즈 … 1/2큰술
□ B 토마토케첩 … 1/2큰술
    └ 우스터소스 … 1/2작은술

Recipe

1. 오믈렛을 만든다. 볼에 달걀을 깨서 넣고 우유, 소금. 후추를 넣어 흰자를 자르듯이 젓가락으로 섞는다.

2. 프라이팬에 버터를 넣고 중불에 올려 녹인 다음 **1**을 한 번에 부어 넣는다. 젓가락으로 크게 섞다가 반숙이 되면 뚜껑을 덮고 불을 끈다. 약 1분간 찐다.

3. 뚜껑을 열고 가장자리 4곳을 안으로 접어 식빵보다 한 둘레 작은 정사각형으로 만든다.

4. A. B를 각각 섞고 빵 1장의 한쪽 면에 A, 다른 1장의 한쪽 면에 B를 바른다. **3**이 따뜻할 때 빵에 올리고 빵을 덮는다.

• 자를 때는 랩으로 감싸 가볍게 누름돌로 누르고 실온에 약 10분 두어 속재료를 안정시킨 다음 랩째로 자르면 편리하다.

PART 2

Quick
Sandwiches

3분 만에 만들 수 있는 초특급 샌드위치

시간에 쫓길 때 손쉽게 만들 수 있는 샌드위치. 굽는 것도 있지만 잘라서 넣거나 섞어서 놓는 등 과정을 최대한 줄인 레시피가 대부분이라 완성까지 시간은 그야말로 초스피드입니다. 맛의 대비를 즐길 수 있는 샌드위치를 소거합니다.

Quick
Sandwiches 1.

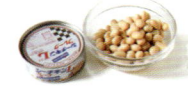

참치와 콩 샌드위치

빵 종류 식빵
속재료 양상추,
찐 콩·참치·적양파를 섞은 것

감칠맛 나는 참치와 찐 콩에 적양파를 넣어 샐러드처럼 만들었어요. 콩은 굵게 으깨어 빵에 잘 어우러지게 합니다.

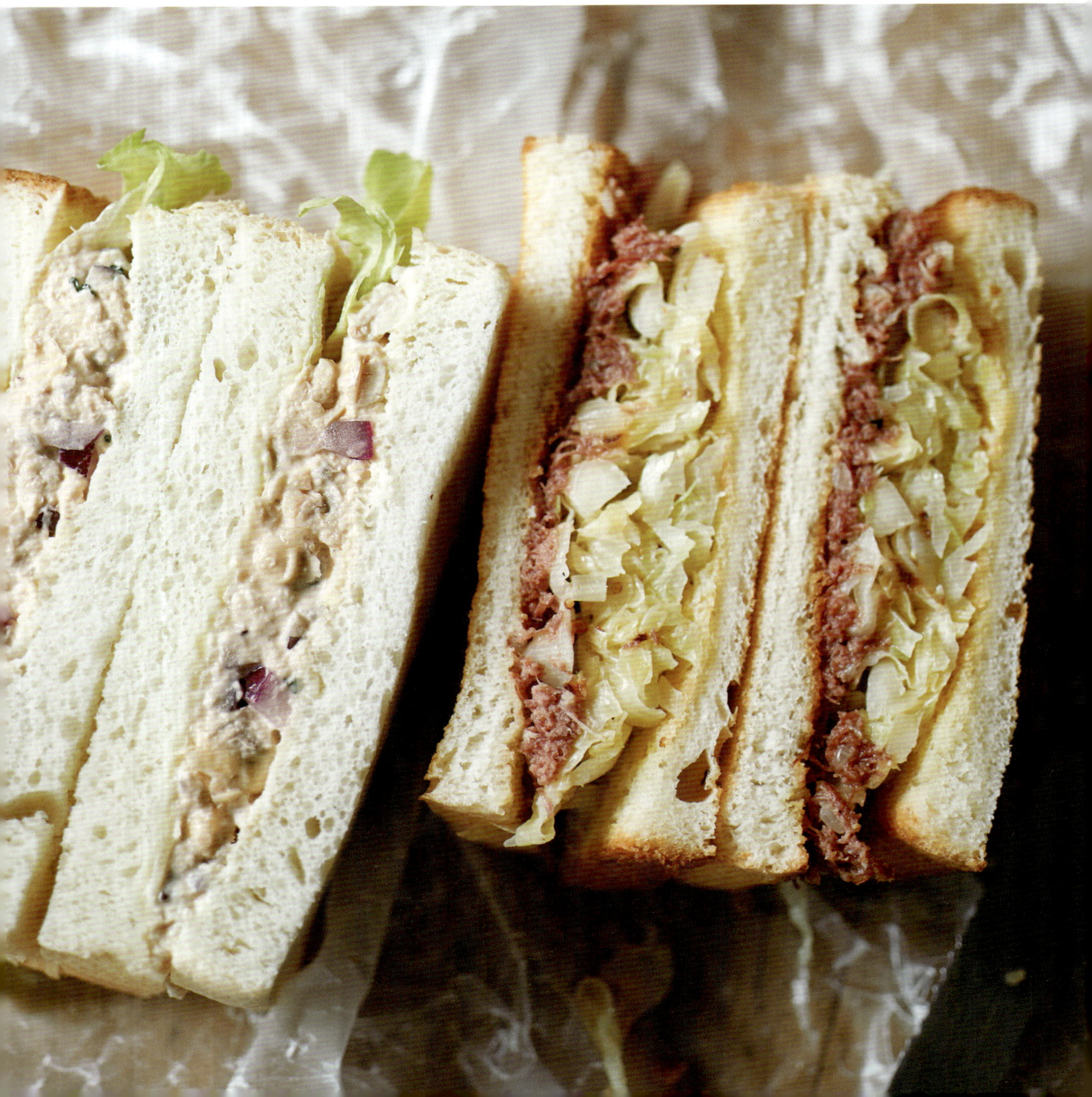

Ingredients <small>(2인분)</small>

- ☐ 식빵(8장짜리) … 4장
- ☐ 찐 콩 … 100g
- ☐ 참치캔 … 작은 것 1개(70g)
- ☐ 적양파(다진 것) … 1/4가 분
- ☐ 소금 … 약간
- ☐ 식초 … 약간
- ☐ 양상추 … 2~3장
- ☐ A 파슬리(잘게 다진 것) … 1작은술
  - 마요네즈 … 2½큰술
  - 레몬즙 … 1작은술
  - 소금, 후추 … 각 약간

Recipe

1. 적양파는 소금을 뿌리고 식초를 넣어 섞는다. 양상추는 얼음물에 담가 아삭하게 만들고 키친타월로 물기를 닦은 후 먹기 좋게 찢는다.

2. 콩은 물기를 없애 볼에 담고 포크 등으로 굵게 으깬다. 기름기를 없앤 참치를 넣고 A, 1의 적양파를 넣어 버무린다.

3. 빵 2장에 2를 올려 펼친 다음 양상추를 올리고 나머지 빵으로 덮는다.

- 자를 때는 랩으로 감싸 가볍게 누름돌로 누르고 냉장실에 약 15분 두어 속재료를 안정시킨 다음 랩째로 자르면 편리하다.

**Quick
Sandwiches 2.**

양배추와 콘비프 샌드위치

빵 종류 식빵
속재료 양배추, 콘비프와 양다를 볶은 것

콘비프는 양파와 함께 볶고 너트메그로 풍미를 더했어요. 양배츠를 듬뿍 넣어 콘비프의 맛을 유지하면서 짠맛을 완화시켰어요.

Ingredients <small>(2인분)</small>

- ☐ 식빵(8장짜리) … 4장
- ☐ 양배추(채 썬 것) … 150g
- ☐ 소금 … 약간
- ☐ 드레싱
  - 올리브오일 … 2작은술
  - 화이트와인비네거 … 1작은술
  - 홀그레인머스터드 … 1/2작은술
- ☐ 콘비프 … 100g
- ☐ 양파(다진 것) … 50g
- ☐ 올리브오일 … 1작은술
- ☐ 후추, 너트메그 … 각 약간
- ☐ 버터(실온에 둔 것) … 1큰술

Recipe

1. 양배추는 볼에 넣고 소금을 뿌려 버무린 다음 물기를 짠다. 드레싱 재료를 섞어서 넣고 버무린다.

2. 프라이팬에 올리브오일을 넣어 중불에 올리고 양파와 콘비프를 볶는다. 양파가 투명해지면 후추, 너트메그를 넣어 섞그 배트에 꺼내 열기를 식힌다.

3. 빵은 토스터로 굽고 한쪽 면에 얇게 버터를 바른다. 빵 2장에 2, 1의 순서로 올려 펼치고 나머지 빵으로 덮는다.

- 자를 때는 랩으로 감싸 랩째로 자르면 편리하다.

명란 아보카도 샌드위치

빵 종류 식빵
속재료 구운 김, 아보카도,
　　　　 명란 요거트 소스

부드러운 아보카도에 명란 요거트 소스를 넣어 깔끔한 뒷맛으로 완성했어요. 김으로 풍미를 높여줍니다.

Ingredients (2인분)

□ 식빵(8장짜리) … 4장

□ 아보카도 … 큰 것 1개(180g)

□ 명란젓 … 1/2개(30g)

□ 요거트(물기 제거한 것) … 50ml

□ 구운 김 … 2장

□ A 버터(실온에 둔 것) … 1½큰술
　└ 연겨자 … 2/3작은술

* 요거트는 체에 면보를 깔고 플레인요거트 100ml를 넣어 약 30분간 물기를 빼서 사용한다. 혹은 시판용 그릭요거트를 사용해도 된다.

Recipe

1. 아보카도는 1.5cm 각으로 자른다. 김은 반으로 자른다.

2. 명란젓은 껍질을 제거하여 요거트를 넣고 섞는다.

3. A를 섞고 빵 한쪽 면에 바른다. 2장에 **2**를 올려 펼치고 **1**의 아보카도와 김을 올려 나머지 빵으로 덮는다.

• 자를 때는 랩으로 감싸 랩째로 자르면 편리하다.

카스 크루트

빵 종류 바게트
속재료 로스햄, 버터

바게트로 만드는 샌드위치를 프랑스에서는 카스 크루트라 부릅니다. 짠맛은 햄과 바게트에 맡기고 무염버터는 두껍게 잘라 사용해요. 심플하면서 씹을수록 맛있는 조합입니다.

Ingredients (2인분)

□ 바게트 … 40cm

□ 로스햄(혹은 생햄) … 4~6장

□ 무염버터 … 4~5큰술(50~60g)

Recipe

1. 버터는 4등분하여 자른다. 바게트는 길이를 절반으로 자르고 측면에 칼집을 넣어 두께를 반으로 자른다.

2. 바게트의 단면에 버터를 올리고 햄을 올려 덮는다.

베이컨과 프룬 샌드위치

빵 종류 바게트
속재료 구운 베이컨, 프룬, 버터

베이컨과 프룬은 프랑스에서는 전채 요리에 세트처럼 자주 등장해요. 짭짤하면서 바삭한 베이컨에 프룬의 진한 단맛이 이상하리만치 잘 어울려요.

Ingredients (2인분)

- □ 바게트 … 40cm
- □ 프룬(씨를 제거한 것) … 2개
- □ 베이컨 … 2~3장
- □ 무염버터 … 2~3큰술(25~35g)
- □ 블랙페퍼 … 약간

Recipe

1. 프룬은 굵게 다진다. 버터는 얇게 썬다.

2. 프라이팬을 중불에 올리고 베이컨을 넣어 양면을 노릇하게 굽는다. 배트에 꺼내고 키친타월로 기름기를 닦은 후 식힌다.

3. 바게트는 길이를 절반으로 자르고 측면에 칼을 넣어 두께를 반으로 자른다. 단면에 버터, 프룬, 베이컨을 올리고 블랙페퍼를 뿌려 바게트를 덮는다.

시저 샐러드 샌드위치

빵 종류 식빵(산형)
속재료 양상추, 시저 드레싱

양상추는 접어서 여러 겹으로 만들어요. 아삭아삭한 양상추, 풍기 가득한 시저 드레싱의 맛에 자꾸 손이 가는 샌드위치입니다.

Ingredients (2인분)

- □ 식빵(산형, 8장짜리) … 4장
- □ 양상추 … 6~8장
- □ 시저 드레싱
  - 마요네즈 … 3큰술
  - 파마산치즈가루 … 2½큰술(15g)
  - 안초비(다진 것) … 1⅓개분(5g)
  - 후추 … 약간
- □ 버터(실온에 둔 것) … 1작은술

Recipe

1. 양상추는 얼음물에 담가 아삭하게 만들고 키친타월로 물기를 닦는다.

2. 드레싱 재료를 볼에 넣고 매끄러워질 때까지 섞는다.

3. 빵 2장의 한쪽 면에 **2**를 바르고 양상추를 겹쳐 올린다. 양상추가 튀어나오면 접어서 크기를 맞춘다. 나머지 빵의 한쪽 면에 버터를 발라 덮는다.

• 자를 때는 랩으로 감싸 가볍게 누름돌로 누르고 냉장실에 약 15분 두어 속재료를 안정시킨 다음 랩째로 자르면 편리하다.

Quick
Sandwiches 7.

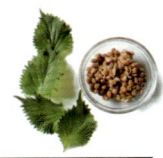

파 미소낫토와 차조기 샌드위치

빵 종류 식빵
속재료 파 미소낫토, 차조기

낫토와 섞은 미소된장이 빵과의 궁합을 좋게 만들어줘요. 향신채가 맛에 포인트를 주는 데에 효과적이에요.

Ingredients (2인분)

□ 식빵(8장짜리) … 4장
□ 파 미소낫토
  낫토 … 작은 것 2팩(80g)
  파(잘게 다진 것) … 2큰술
  마요네즈 … 1큰술
  미소된장 … 1작은술
□ A 마요네즈 … 2큰술
  └ 연겨자 … 2/3작은술
□ 차조기 … 3~4장

Recipe

1. 파 미소낫토를 만든다. 낫토는 칼로 굵게 다진 후 볼에 넣고 그 외의 재료를 넣어 섞는다.

2. 빵을 토스터로 굽고 A를 섞어 빵 2장의 한쪽 면에 바른다. 차조기와 **1**을 올리고 나머지 빵으로 덮는다.

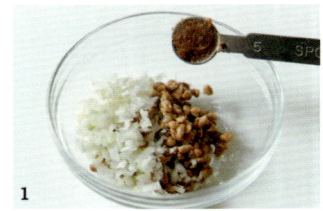

1

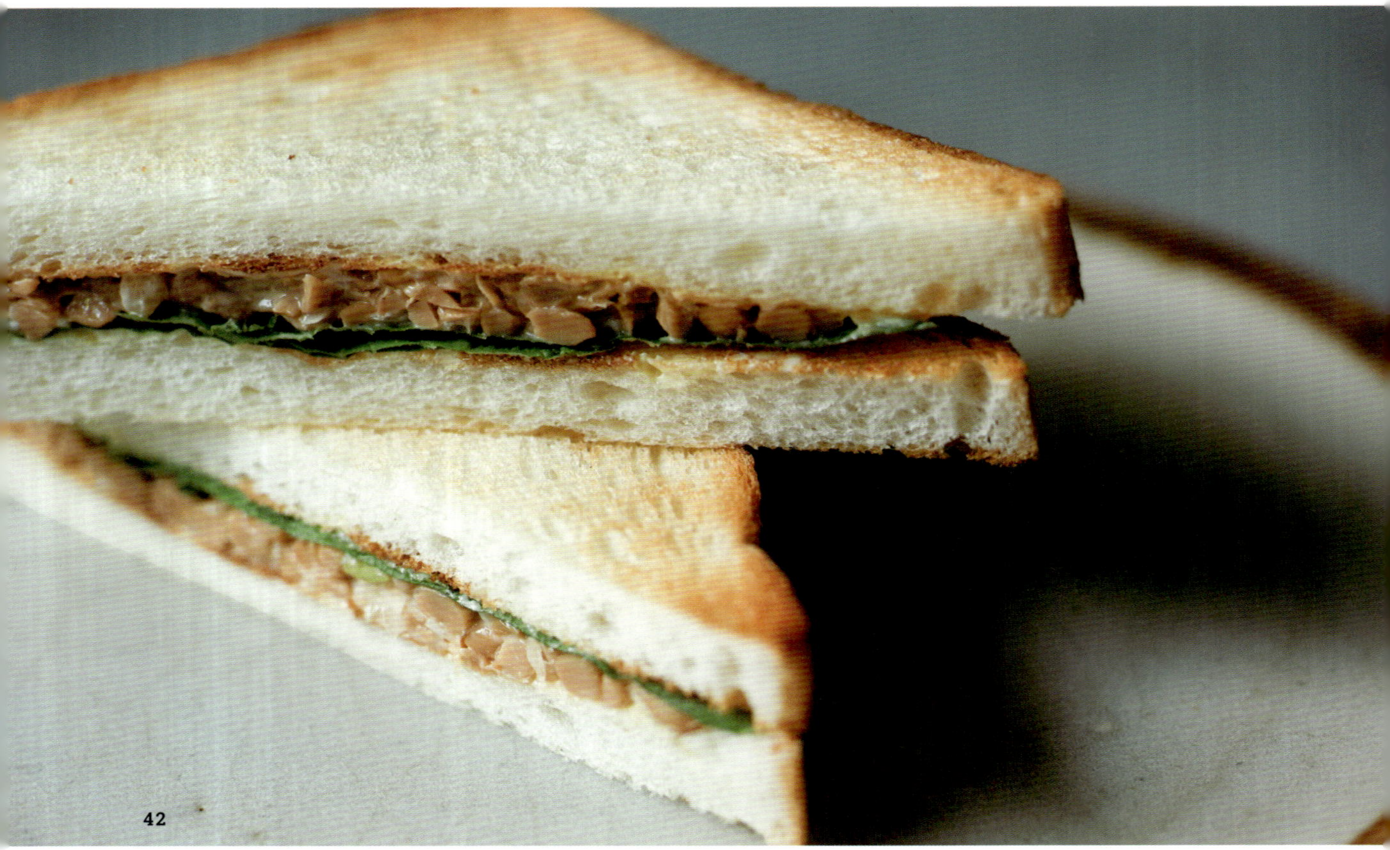

Quick
Sandwiches 8.

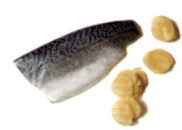

단무지와 시메사바 샌드위치

빵 종류 식빵
속재료 차조기, 시메사바, 단무지

교토에서 먹은 '시메사바(고등어 초절임) 샌드위치'가 계속 머릿속에 남아 저만의 레시피로 재구성해보았어요. 단무지로 식감을 즐길 수 있도록 했습니다.

Ingredients (2인분)

- □ 식빵(8장짜리) … 4장
- □ 시메사바(시판용) … 120g
- □ 레몬즙 … 2작은술
- □ 단무지 … 40g
- □ A 버터(실온에 둔 것) … 1큰술
  - └ 연겨자 … 1/2작은술
- □ 마요네즈 … 2작은술
- □ 차조기 … 8장

Recipe

1. 단무지는 2mm 두께로 둥글게 썬다. 시메사바는 5mm 폭으로 자르고 레몬즙을 뿌린다.
2. 토스터로 빵을 노릇하게 굽는다.
3. A를 섞어 빵 2장의 한쪽 면에 바른 다음 단무지와 시메사바를 겹쳐 올리고 차조기도 올린다. 나머지 빵의 한쪽 면에 마요네즈를 바르고 덮는다.

- 자를 때는 랩으로 감싸 랩째로 자르면 편리하다.
- 시메사바를 가로로 길게 두고 세로로 자르면 사진과 같은 단면이 된다.

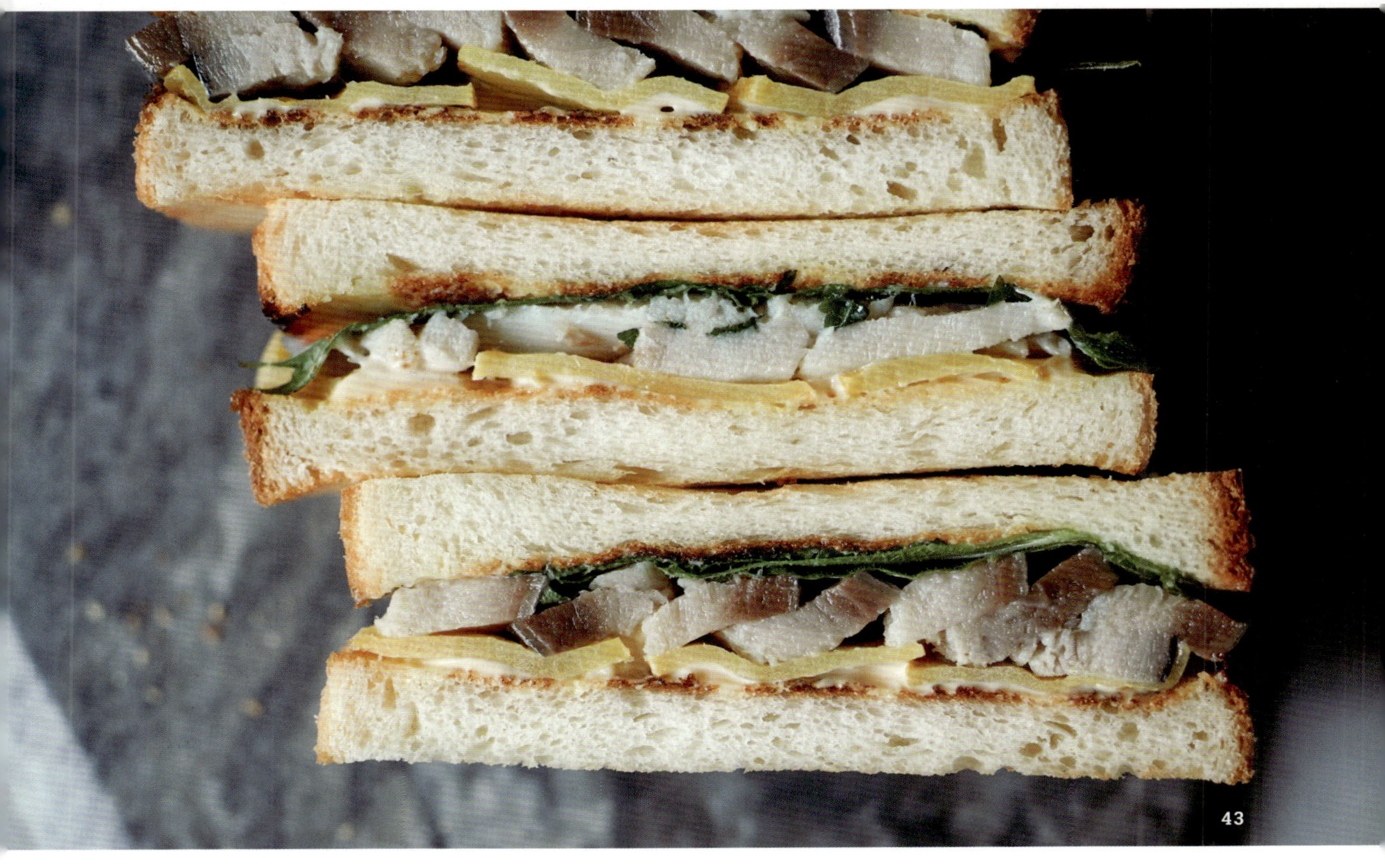

Quick
Sandwiches 9.

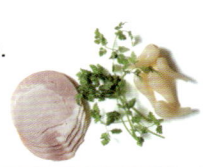

햄 락교 샌드위치

빵 종류 식빵
속재료 처빌, 로스햄, 락교와 마요네즈를 섞은 것

락교절임은 일본의 피클과도 같은 존재예요. 산뜻한 단맛과 아삭한 식감으로 평소 먹던 햄 샌드위치를 업그레이드했어요.

Ingredients (2인분)

- □ 식빵(8장짜리) … 4장
- □ 로스햄 … 6장
- □ 락교(잘게 다진 것) … 5개분(40g)
- □ 마요네즈 … 2큰술
- □ 처빌(있는 경우) … 적당량

Recipe

1. 볼에 락교와 마요네즈를 넣고 섞는다.

2. 빵 2장의 한쪽 면에 **1**을 바르고 햄, 처빌을 올린 다음 나머지 빵으로 덮는다.

• 자를 때는 랩으로 감싸 랩째로 자르면 편리하다.

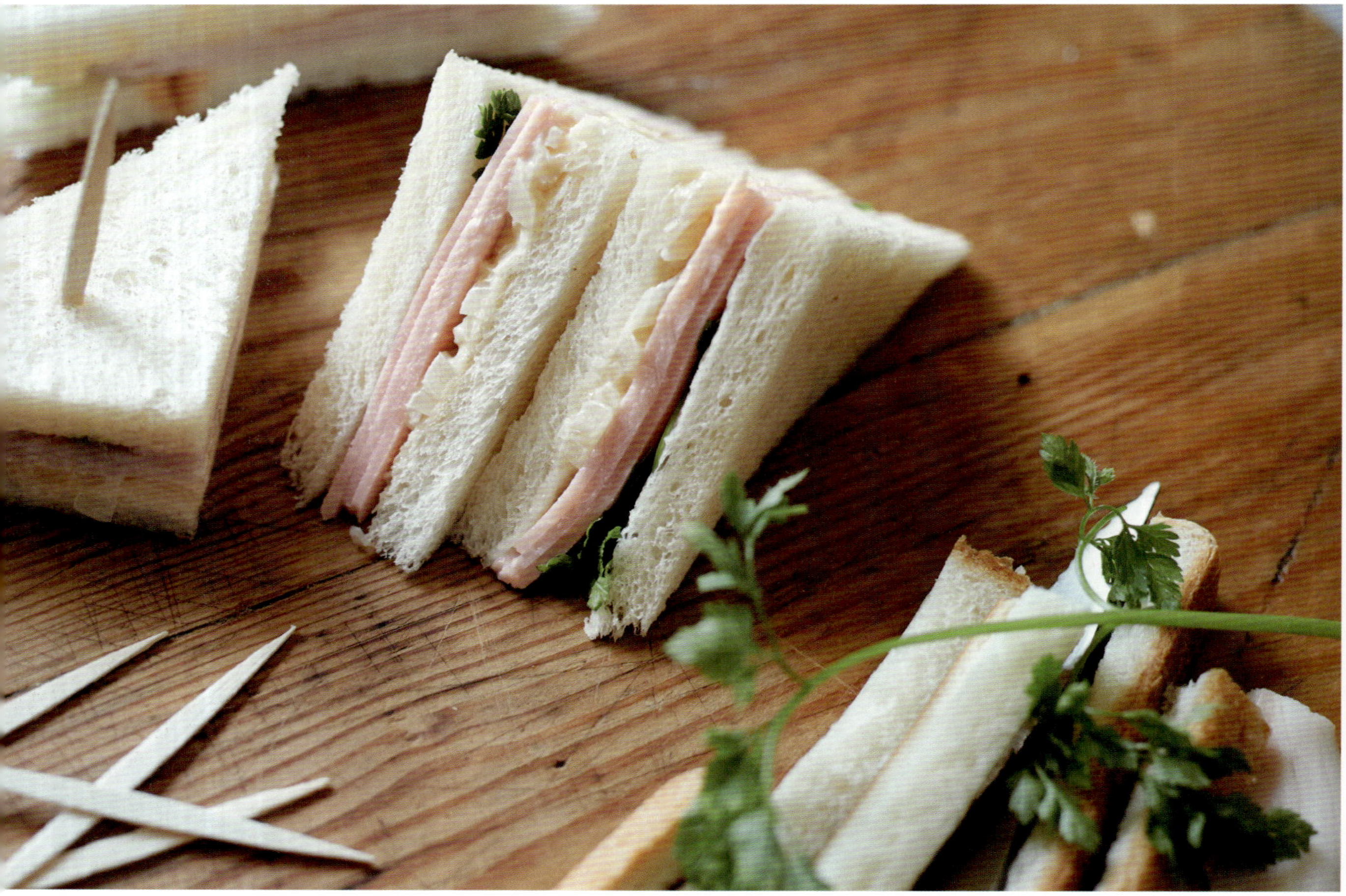

한펜과 오이 샌드위치

빵 종류 식빵
속재료 차조기, 한펜, 오이

사각형 모양에 폭신폭신한 식감의 한펜(으깬 생선에 참마와 달걀흰자 등을 더해 만든 일본식 어묵)과 식빵은 맛도 식감도 의외로 잘 어울려요. 오이와 겨자의 존재도 포인트예요.

Ingredients (2인분)

- □ 식빵(8장짜리) ··· 4장
- □ 한펜 ··· 1장
- □ 올리브오일 ··· 1작은술
- □ 간장 ··· 1/2작은술
- □ 오이(얇게 어슷 썬 것) ··· 1개분
- □ 차조기 ··· 6장
- □ A 마요네즈 ··· 2큰술
    └ 연와사비 ··· 1작은술

Recipe

1. 프라이팬에 올리브오일을 두르고 중불에 올린다. 한펜을 넣어 양면을 노릇하게 굽고 간장을 넣어 버무린다. 꺼내서 반으로 자르고 두께도 반으로 자른다.

2. A를 섞고 빵의 한쪽 면에 바른다. 빵 2장에 오이를 조금씩 겹쳐 올리고 한펜과 차조기를 올린다. 나머지 빵으로 덮는다.

- 자를 때는 랩으로 감싸 랩째로 자르면 편리하다.
- 오이를 가로로 길게 놓고 세로로 자르면 사진과 같은 단면이 된다.

스팸과 파인애플 샌드위치

빵 종류 식빵
속재료 고수, 볶은 파인애플, 스팸

일본 오키나와나 하와이에서 자주 사용되는 콤비 재료예요. 여기에 고수를 더해 무국적 느낌으로 완성했어요. 칠리파우더를 사용해 매콤한 맛을 더했습니다.

Ingredients (2인분)

□ 식빵(8장짜리) … 4장

□ 스팸 … 80g

□ 파인애플(커팅된 것) … 60g

□ 고수 … 적당량

□ A 버터(실온에 둔 것) … 1큰술
  └ 머스터드 … 1/2작은술

□ 칠리파우더(혹은 고운 고춧가루)
  … 약간

Recipe

1. 스팸은 5mm 두께의 직사각형으로 자른다. 파인애플은 1cm 두께로 자른다.

2. 프라이팬을 중불에 올리고 스팸을 넣어 기름이 나와 노릇해질 때까지 굽는다. 프라이팬의 빈 곳에 파인애플을 넣고 빠르게 볶은 다음 배트에 꺼내 열기를 식힌다.

3. A를 섞고 빵의 한쪽 면에 바른다. 빵 2장에 2의 스팸, 파인애플을 순서대로 올리고 고수를 올린 다음 칠리파우더를 뿌린다. 나머지 빵으로 덮는다.

• 자를 때는 랩으로 감싸 랩째로 자르면 편리하다.

블루치즈와 셀러리 샌드위치

빵 종류 통밀식빵
속재료 셀러리, 블루치즈와 크림치즈
  를 섞은 것

개성이 강한 블루치즈는 크림치즈와 섞어 부드럽게 만들었어요. 향이 강한 셀러리와 아주 잘 어울린답니다.

Ingredients (2인분)

□ 통밀식빵(8장짜리) … 4장

□ 셀러리 … 1개

□ A 블루치즈(실온에 둔 것) … 20g
  └ 크림치즈(실온에 둔 것) … 40g

□ B 버터(실온에 둔 것) … 1큰술
  └ 연겨자 … 1/2큰술

Recipe

1. 셀러리는 얇게 어슷썰고 5mm 폭으로 자른다.

2. A, B를 각각 섞는다. 빵 2장의 한쪽 면에 A를 바르고 셀러리를 올린다. 나머지 빵의 한쪽 면에 B를 발라 덮는다.

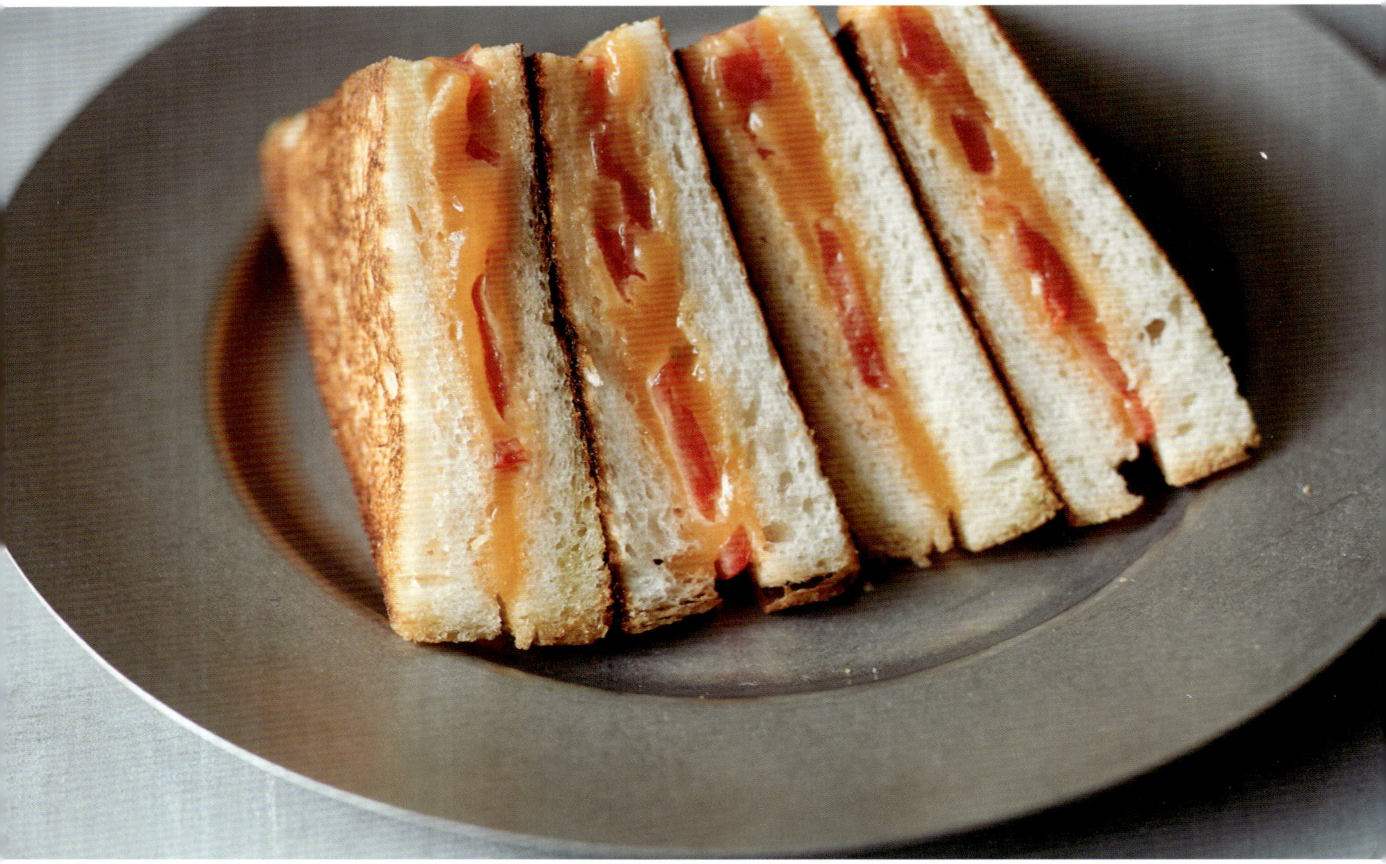

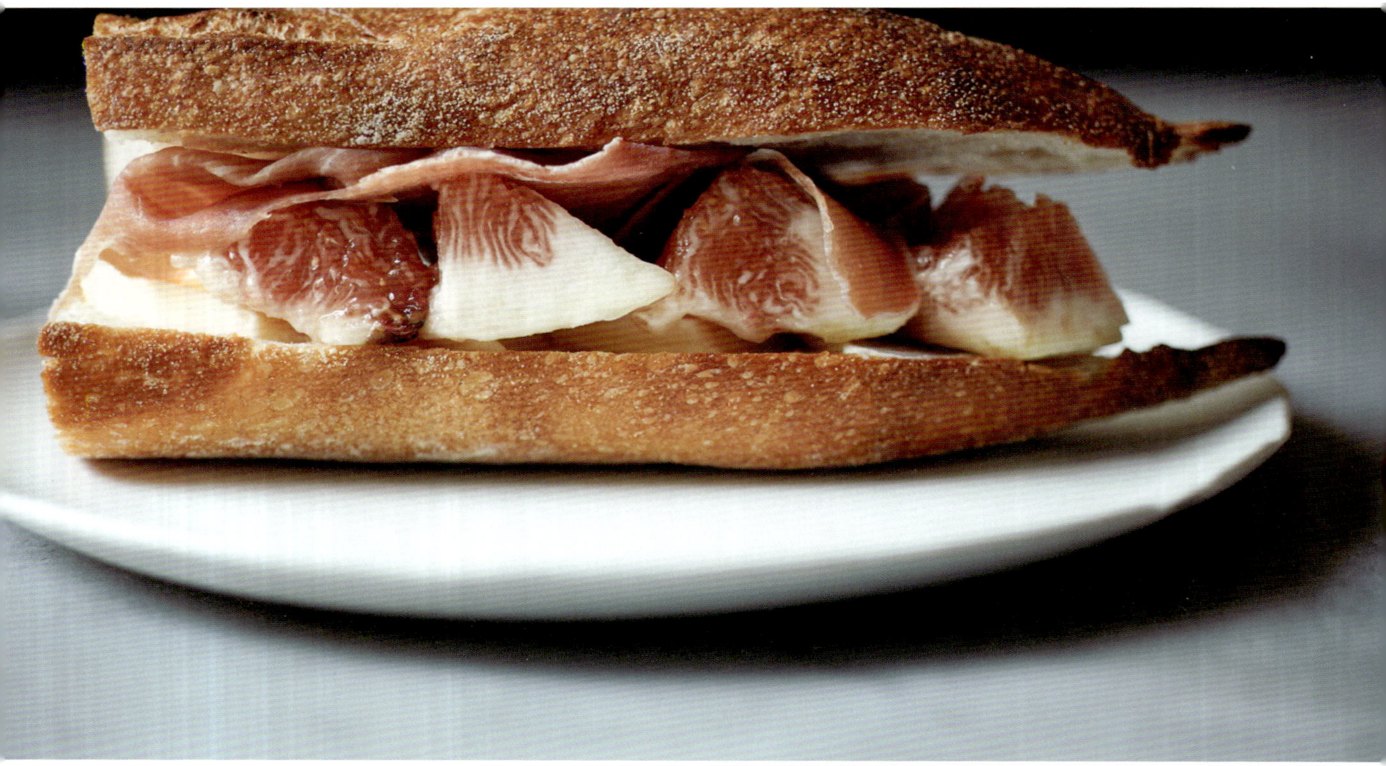

토마토와 체다치즈 샌드위치

빵 종류 식빵
속재료 토마토, 체다치즈

제가 정말 좋아하는 토마토와 체다치즈를 사용한 샌드위치예요. 차가워도 맛있고 제대로 밀착되기 때문에 먹기도 편해요.

Ingredients (2인분)

- □ 식빵(8~10장짜리) … 4장
- □ 토마토 … 1개
- □ 체다치즈 … 120g
- □ A 버터(실온에 둔 것) … 1/2큰술
  └ 연겨자 … 1/2작은술
- □ 올리브오일 … 2작은술

Recipe

1. 토마토는 3mm 두께로 자르고 씨를 제거한 다음 키친타월로 물기를 없앤다. 체다치즈는 3mm 두께로 자른다.

2. A를 섞고 빵의 한쪽 면에 바른다. 빵 2장에 각각 체다치즈의 1/4 양, 토마토의 절반, 체다치즈의 1/4 양을 겹쳐 올리고 나머지 빵으로 덮는다.

3. 프라이팬에 올리브오일을 두르고 중불에 올린 다음 **2**를 뒤집개로 가볍게 누르면서 노릇해질 때까지 양면을 2~3분씩 굽는다.

무화과와 생햄 버터 샌드위치

빵 종류 바게트
속재료 생햄, 무화과, 버터

짭짤한 생햄과 부드러운 무화과의 조합은 식전주와 잘 어울려요. 취향에 따라 루콜라를 곁들여도 좋아요.

Ingredients (2인분)

- □ 바게트 … 40cm
- □ 무화과 … 2개
- □ 무염버터 … 3큰술(35g)
- □ 생햄 … 4장

Recipe

1. 무화과는 4등분하여 자른다. 버터는 얇게 썬다.

2. 바게트는 길이를 절반으로 자르고 측면에 칼을 넣어 두께를 반으로 자른다. 단면에 버터, 무화과, 생햄을 올려 덮는다.

Quick
Sandwiches 15.

체리 소테와 카망베르 샌드위치

빵 종류 바게트
속재료 카망베르치즈, 체리 소테

체리는 물론 꿀과 소테에 사용하는 화이트와인도 치즈와 잘 어울려요. 체리 대신 사과나 서양배를 사용하는 것도 추천해요.

Ingredients (2인분)

☐ 바게트 … 40cm

☐ 체리 소테

    아메리칸체리 … 10개

    버터 … 1작은술

    화이트와인 … 2큰술

    꿀 … 2작은술

    소금 … 약간

☐ 카망베르치즈(혹은 브리치즈)

    … 100g

Recipe

1. 체리 소테를 만든다. 체리는 반으로 자르고 씨를 제거한다.

2. 프라이팬에 버터를 넣고 중불에 올려 녹인 다음 **1**을 넣고 빠르게 볶는다. 화이트와인과 꿀, 소금을 넣고 조리다가 물기가 가볍게 날아가면 불을 끄고 배트에 꺼내 식힌다.

3. 카망베르치즈는 1cm 두께로 자른다. 바게트는 길이를 절반으로 자르고 측면으로 칼을 넣어 두께를 반으로 자른다. 단면에 **2**와 카망베르치즈를 올리고 빵을 덮는다.

Quick
Sandwiches 16.

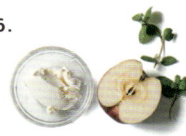

사과와 민트치즈크림 샌드위치

빵 종류 식빵
속재료 사과와 민트치즈크림을 섞은 것

영국에서는 익숙한 조합. 사과의 아삭한 식감과 민트의 향이 아주 산뜻한 샌드위치예요.

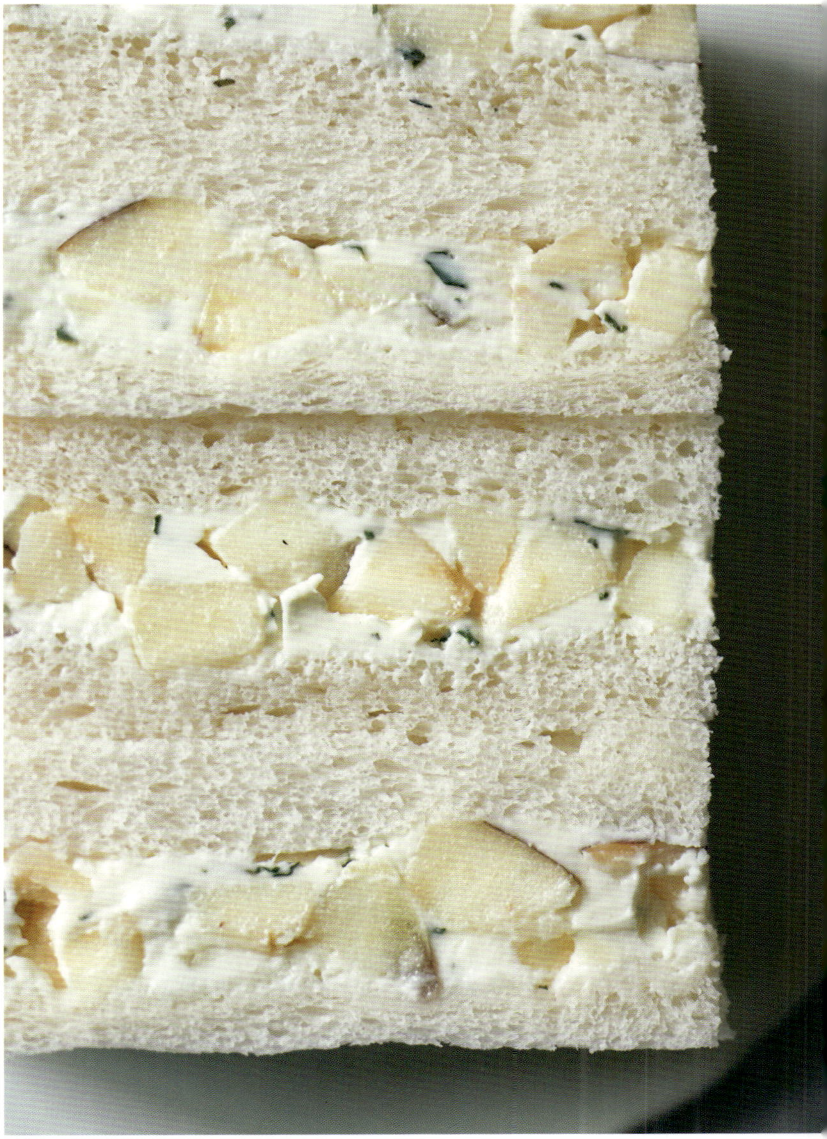

Ingredients (2인분)

□ 식빵(8~10장짜리) … 4장
□ 사과 … 1/2개
□ 민트치즈크림
민트 잎(잘게 썬 것) … 8장분
크림치즈(실온에 둔 것) … 100g
꿀 … 2작은술
레몬즙 … 1작은술

Recipe

1. 민트치즈크림의 재료를 볼에 넣고 매끄러워질 때까지 섞는다.
2. 사과는 껍질째로 4~5mm 각으로 자른 다음 1에 넣어 섞는다.
3. 빵 2장에 **2**를 올려 펼치고 나머지 빵으로 덮는다.

- 자를 때는 랩으로 감싸 가볍게 누름돌로 누르고 냉장실에 약 15분 두어 속재료를 안정시킨 다음 랩째로 자르면 편리하다.

도시락 랩핑 아이디어

아무리 자유로운 식사라도 그 순간만큼은 행복한 분위기로 먹고 싶어요. 자랑하고 싶을 만큼 맛있는 샌드위치를 만들었다면 랩핑도 자신만의 개성이 드러나게 응용해보면 어떨까요?

요리는 그릇이나 식기류가 제대로 갖춰져 있으면 자연스레 마음이 두근거려요. 도시락도 종류에 따라 색다르게 포장을 한다면 식사 시간이 기다려져 몹시 설렐 거예요. 특별히 공들일 필요 없이, '물기나 기름이 잘 배어나오지 않는 소재를 사용한다', '쉽게 먹을 수 있다'와 같이 샌드위치의 특성에 맞춰 포인트를 잡으면 돼요.

Wrapping Idea 1.
종이냅킨으로 감싸기

잘 뭉개지지 않는 바게트는 종이냅킨으로 감싸 마끈과 같은 자연 소재의 끈으로 묶어 러프한 스타일로 포장해보세요. 이대로 종이봉투에 바로 담을 수 있습니다. 손을 더럽히지 않고 먹을 수 있어 위생적이기도 해요.

Wrapping Idea 2.

오븐용 페이퍼로 감싸기

기름때가 잘 묻지 않는 오븐용 페이
퍼를 활용합니다. 샌드위치는 랩으로
감싸두면 먹기 편해요. 오븐용 페이
퍼는 점착 테이프가 붙지 않으므로
끈으로 묶어주세요. 종이냅킨도 함께
준비하면 편리하겠지요.

Wrapping Idea 3.

왁스지 봉투에 넣기

내수성이 있어 잘 쯧어지지 않기 때
문에 생선가게 등에서 자주 사용되
는 왁스지 봉투에 샌드위치를 넣어
보세요. 입구는 한 번 접어 리본과 함
께 스테이플러로 막으면 보기에도
좋아요.

PART 3

World Sandwiches

여행 기분을 맛볼 수 있는 세계의 일품 샌드위치

세계 각국 각지에서 독자적으로 발전해온 샌드위치를 모아보았어요. 본고장의 맛을 재현하거나 좀 더
간편하게 만들 수 있도록 응용한 것도 있어요. 여행의 기억을 떠올리며, 동경하던 그 지역을 상상하며
만들기 쉽도록 고안을 거듭한 레시피입니다.

큐컴버 샌드위치

빵 종류 식빵
속재료 오이

애프터눈티의 단골 메뉴. 아삭하고 산뜻한 오이를 심플하게 구성했어요. 그렇기에 정성을 들일수록 맛에 차이가 나타납니다. 딜과 민트를 넣어 뒷맛을 더했어요.

Ingredients (2인분)

□ 식빵(10장짜리) … 4장

□ 오이 … 작은 것 2개

□ 소금 … 1/3~1/2작은술

□ 화이트와인비네거 … 2작은술

□ A 버터(실온에 둔 것) ‥ 2큰술
　└ 연겨자 … 1작은술

Recipe

1. 오이는 빵의 폭에 맞춰 2mm 두께로 세로로 얇게 자른다. 소금을 뿌리고 2~3분 두었다가 화이트와인비네거를 뿌려 가볍게 버무린 다음 키친타월로 물기를 제거한다.

2. A를 섞어 빵의 한쪽 면에 바른다. 빵 2장에 오이를 조금씩 겹쳐 올리고 나머지 빵으로 덮는다.

- 자를 때는 랩으로 감싸 랩째로 자르면 편리하다.
- 오이를 세로로 길게 두고 가로로 자르면 사진과 같은 단면이 된다.

훈제연어와 딜 크림 샌드위치

빵 종류 식빵
속재료 훈제연어, 딜을 넣은 크림치즈

맛있을 수밖에 없는 조합, 실패할 수 없는 간단 레시피입니다. 크림치즈가 가벼운 산미와 깔끔한 맛으로 완성해줘요.

Ingredients (2인분)

☐ 식빵(10장짜리) … 4장

☐ 훈제연어 … 8개(65g)

☐ A 버터(실온에 둔 것) … 2작은술
  └ 연겨자 … 1/2작은술

☐ B 크림치즈(실온에 둔 것) … 40g
   딜(잘게 다진 것) … 1/2작은술
  └ 레몬즙 … 1/2작은술

Recipe

A, B를 각각 섞는다. 빵 2장의 한쪽 면에 A를 바르고 훈제연어를 겹쳐 올린다. 나머지 빵의 한쪽 면에 B를 발라 덮는다.

팡 바냐

빵 종류 바게트
속재료 바질, 삶은 달걀, 블랙올리브,
참치·토마토·적양파를 비네그
레트 드레싱으로 버무린 것,
양상추

프랑스의 니스 스타일의 샐러드를 빵 사이에 끼운 샌드위치를 팡 바냐라고 해요.
드레싱의 맛이 흡수된 바게트 안쪽과 단단한 바깥쪽의 식감 차이 도 포인트입니다.

Ingredients (2인분)

☐ 바게트 … 40cm

☐ 참치캔 … 작은 것 1캔(70g)

☐ 삶은 달걀(둥글게 썬 것) … 1개분

☐ 토마토 … 1/2개

☐ 적양파(얇게 썬 것) … 1/8개분

☐ 양상추 … 2장

☐ 블랙올리브(씨 제거, 둥글게 썬 것)
… 3~4개분

☐ 바질 … 적당량

☐ 비네그레트 드레싱
안초비(잘게 다진 것) … 2개분
올리브오일 … 1큰술
화이트와인비네거 … 1작은술
소금 … 1꼬집
사탕수수당(혹은 설탕) … 1꼬집
후추 … 약간
마늘(간 것) … 약간

Recipe

1. 참치는 기름기를 제거한다. 토마토는 한입 크기로 자르고 씨를 제거
한다. 양상추는 얼음물에 담가 아삭하게 만들고 키친타월로 물기를
제거한 다음 먹기 좋게 찢는다.

2. 볼에 비네그레트 드레싱 재료를 넣고 잘 섞는다.

3. **2**의 볼에 참치, 토마토, 적양파를 넣고 섞는다.

4. 바게트는 길이를 반으로 자르고 측면에 칼을 넣어 두께를 반으로 자른
다. 양상추, **3**, 올리브, 삶은 달걀, 바질을 순서대로 올린 다음 덮는다.

BLT 샌드위치

빵 종류 식빵(산형)
속재료 양상추, 토마토, 베이컨

이름 그대로 베이컨, 양상추, 토마토로 구성된 정통 샌드위치. 재료 하나하나에 신경을 쓰는 것이 맛을 더 뛰어나게 해주는 비법이에요. 빵은 토스트해서 식감을 더 해줍니다.

Ingredients (2인분)

☐ 식빵(산형, 6장짜리) … 4장
☐ 베이컨 … 4장
☐ 토마토 … 1/2개(가로로 자른 것)
☐ 양상추 … 3~4장
☐ 마요네즈 … 1½큰술
☐ A 버터(실온에 둔 것) … 1큰술
  └ 홀그레인머스터드 ·· 2작은술

Recipe

1. 토마토는 1cm 두께의 원형으로 자르고 씨를 제거한다. 양상추는 얼음물에 담가 아삭하게 만들고 키친타월로 물기를 제거한 다음 먹기 좋게 찢는다. 베이컨은 길이를 반으로 자른다.

2. 프라이팬을 중불에 올리고 베이컨을 넣어 굽는다. 기름이 나와 바삭바삭해지면 배트에 꺼내 키친타월로 기름기를 가볍게 제거한다.

3. 빵을 토스터에 굽고 A를 섞어 빵의 한쪽 면에 바른다. 베이컨, 토마토, 베이컨, 양상추 순서로 올리고 마요네즈를 뿌린 다음 나머지 빵으로 덮는다.

• 자를 때는 랩으로 감싸 랩째로 자르면 편리하다.

로브스터 롤

새우를 사용해 로브스터의 맛을 재현했습니다. 포동포동한 큼직한 새우를 골라 레몬 풍미를 더했어요. 빵은 버터롤을 사용해도 좋아요.

빵 종류 핫도그용 빵
속재료 삶은 새우와 셀러리를 넣은
　　　　　타르타르 소스

Ingredients (2인분)

□ 핫도그용 빵 … 2개

□ 새우 … 큰 것 4마리

□ 화이트와인 … 2큰술

□ 소금 … 약간

□ A 삶은 달걀(굵게 다진 것)

　　　… 1개분

　　셀러리(잘게 다진 것) … 1큰술

　　마요네즈 … 1½큰술

　　레몬즙 … 2/3작은술

　└ 딜(있는 경우, 잘게 다진 것)

　　　… 1작은술

□ 버터(실온에 둔 것) … 1/2큰술

□ 레몬껍질(간 것) … 약간

□ 딜 … 적당량

Recipe

1. 새우는 등을 구부려 마디 사이에 꼬치를 얇게 꽂은 다음 내장을 걸어 빼낸다. 화이트와인과 소금을 넣은 뜨거운 물에 빠르게 데친 다음 꺼내어 물기를 제거한다. 열기를 식힌 후 머리와 꼬리를 제거하고 껍질을 벗겨 길이를 반으로 자른다.

2. 볼에 A를 넣어 섞고 **1**을 더해 버무린다.

3. 빵을 토스터로 굽는다. 갈라진 부분에 버터를 바르고 **2**를 사이에 끼워 넣는다. 레몬껍질을 갈아 뿌리고 딜을 뿌린다.

 # 엘비스 샌드위치

빵 종류 식빵(산형)
속재료 바나나, 베이컨, 피넛버터

엘비스 프레슬리가 좋아했던 샌드위치예요. 아주 진하고 크리미한 맛에 그야말로 '단짠단짠'의 밸런스를 절묘하게 느낄 수 있어요.

Ingredients (2인분)

□ 식빵(산형, 8~10장짜리) ··· 4장
□ 바나나 ··· 작은 것 2개
□ 베이컨 ··· 6장
□ 피넛버터 ··· 4큰술
□ 메이플시럽 ··· 2~4큰술

Recipe

1. 바나나는 세로로 3등분하여 자른다.

2. 프라이팬을 중불에 올린 다음 베이컨을 굽는다. 기름이 나와 바삭바삭해지면 배트에 꺼내고 키친타월로 기름을 가볍게 제거한다.

3. 빵을 토스터로 굽고 한쪽 면에 피넛버터를 바른다. 빵 2장에 바나나와 베이컨을 올리고 메이플시럽을 뿌린 다음 나머지 빵으로 덮는다.

쿠바 샌드위치

빵 종류 바게트
속재료 슬라이스 치즈, 고수, 오렌지
　　　　풍미의 로스트 포크, 오이 피클

향신료와 감귤로 재운 돼지고기를 치즈와 함께 꾹 눌러 만든 샌드위치예요. 버터로 노릇하게 구워요. 취향에 따라 햄을 넣어도 좋아요. 빵은 버터롤을 사용해도 괜찮아요.

Ingredients (2인분)

☐ 바게트(부드러운 것) ⋯ 40cm
☐ 돈가스용 돼지고기 등심
　　⋯ 2장(200g)
☐ 마리네이드
　　오렌지즙 ⋯ 2큰술
　　라임즙 ⋯ 2작은술
　　올리브오일 ⋯ 1큰술
　　소금 ⋯ 1/2작은술
　　커민시드 ⋯ 1/4작은술
　　마늘(간 것) ⋯ 약간
　　후추 ⋯ 약간
　　오레가노(있는 경우) ⋯ 약간
　　고수 줄기(있는 경우, 잘게 다진
　　것) ⋯ 1작은술
☐ A 버터(실온에 둔 것) ⋯ 1큰술
　└ 머스터드 ⋯ 1작은술
☐ 오이 피클(얇게 썬 것) ⋯ 적당량
☐ 고수 잎(크게 썬 것) ⋯ 적당량
☐ 슬라이스 치즈(잘게 자른 것)
　　⋯ 2장분(혹은 피자용 치즈 40g)
☐ 버터 ⋯ 1큰술

Recipe

1. 돼지고기는 군데군데 포크로 찌른다. 배트에 마리네이드 재료를 넣어 섞고 돼지고기를 넣은 다음 표면에 딱 맞게 랩을 씌워 냉장실에 30분 이상 넣어둔다.

2. 프라이팬을 중불로 가열하고 **1**의 돼지고기를 물기를 제거하여 넣는다. 양면을 확실히 구운 다음 꺼내서 1cm 폭으로 자른다.

3. 바게트는 길이를 반으로 자르고 측면으로 칼을 넣어 두께를 반으로 자른다. A를 섞어 바게트의 단면에 바르고 오이 피클, **2**, 고수 잎, 치즈를 올린 후 덮는다.

4. 프라이팬에 버터를 넣어 중불로 녹인 다음 **3**을 넣고 무거운 냄비 뚜껑 등으로 누르면서 양면을 노릇하게 굽는다.

케밥풍 샌드위치

빵 종류 피타빵
속재료 요거트 소스, 고수, 꽃상추, 피망, 적양파, 카레 풍미 마리네이드의 구운 양고기

고기는 양파를 넣은 마리네이드에 담가 부드럽게 만들어요. 둥그렇게 부풀어 오른 피타빵을 만들고 싶다면 뜨겁게 달군 프라이팬에 굽는 것이 포인트. 풍요로운 색을 위해 적양배추절임(p.83)을 곁들여도 좋아요.

Ingredients (2인분)

- 피타빵(p.73 참고, 혹은 시판용)
  … 2장
- 양고기(얇게 썬 것, 불고기용)
  … 160g
- 마리네이드
  양파(간 것) … 30g
  올리브오일 … 2큰술
  레몬즙 … 1큰술
  카레가루 … 1/2작은술
  소금 … 1/3작은술
  후추 … 약간
- 올리브오일 … 약간
- 꽃상추 … 4장
- 피망 … 1/2개
- 적양파(둥글게 썬 것) … 30g
- 고수(큼직하게 썬 것) … 적당량
- A 요거트(물기 제거한 것) … 30ml
  참깨소스 … 1큰술
  민트(잘게 다진 것) … 약간
  소금 … 약간

Recipe

1. 배트에 마리네이드 재료를 넣어 섞고 양고기를 넣어 15분 이상 재워둔다. 프라이팬에 올리브오일을 두르고 중불로 가열한 다음 양고기의 물기를 제거하여 넣는다. 양고기가 익으면 꺼내서 열기를 식힌다.

2. 꽃상추는 얼음물에 담가 아삭하게 만들고 키친타월로 물기를 제거한 다음 먹기 좋게 찢는다. 피망은 가로로 가늘게 자른다. 적양파는 물에 담갔다가 키친타월로 물기를 제거한다.

3. 피타빵을 반으로 잘라 주머니처럼 벌린 다음 **1, 2**, 고수를 채운다. A의 재료를 섞어서 속재료에 뿌린다.

- 물기를 제거한 요거트는 체에 면보나 키친타월을 깔고 플레인요거트 60ml를 넣어 약 30분간 물기를 뺀 것이다. 혹은 시판용 그릭요거트를 사용해도 된다.
- 적양파를 둥글게 썬 것은 적양파 초절임(p.89 참고)을 사용해도 맛있다.

피타빵

Ingredients (4장분)

- ☐ 강력분 … 160g
- ☐ 박력분 … 50g
- ☐ 드라이이스트 … 1작은술
- ☐ 설탕 … 1½작은술
- ☐ 소금 … 1/2작은술
- ☐ 올리브오일 … 1큰술
- ☐ 물 … 120~130ml

Recipe

1. 볼에 물 이외의 재료를 넣고 거품기로 대강 섞은 다음 물을 넣고 섞는다. 생지가 정리되면 볼에서 꺼내 표면이 매끄러워질 때까지 힘을 주어 반죽한다.

2. 다시 볼에 넣고 생지의 표면에 랩을 헐렁하게 씌운 다음 볼 위에 물에 적신 천을 씌운다. 30℃ 전후의 실온에 약 1시간 두어 발효시킨다. 생지가 2배로 부풀면 손으로 가볍게 눌러 가스를 빼고 4등분으로 나눠 각각 둥글리기를 한다. 배트에 나열하고 물에 적신 천을 씌워 약 10분간 둔다.

3. 덧가루(분량 외)를 뿌리고 밀대로 지름 약 14cm의 원형으로 민 다음 약 15분간 둔다. 프라이팬에 오일을 뿌리지 않고 중불에 올린 다음 뜨거워지면 생지 1장분을 넣어 약 1분 굽는다. 노릇노릇해지면 뒤집어서 반대쪽도 굽는다. 부풀어 오르면 배트에 꺼낸다. 나머지 빵도 같은 방법으로 굽는다.

- 2의 발효시키는 시간은 실온에 따라 조절한다. 겨울은 시간을 길게 잡아 생지의 부푸는 상태를 기준으로 삼는다. 오븐에 발효 기능이 있는 경우는 이용해도 좋다.

팔라펠 샌드위치

빵 종류 피타빵
속재료 요거트 소스, 팔라펠,
　　　　 적양배추절임, 튀긴 가지,
　　　　 토마토, 꽃상추

재료가 모두 야채라 병아리콩을 으깨 만든 팔라펠과 튀긴 가지로 식감을 높였습니다. 참깨 소스에 요거트를 더하여 산뜻한 맛으로 완성했어요.

Ingredients (2인분)

□ 피타빵(p.73 참고, 혹은 시판용)
　 … 2장
□ 꽃상추 … 4장
□ 토마토 … 1개
□ 가지 … 1개
□ 적양배추절임(p.83 참고) … 30g
□ 팔라펠
　 병아리콩(찐 것, 시판용) … 100g
　 양파(다진 것) … 1/4개분
　 마늘(간 것) … 1/4쪽분
　 고수(다진 것) … 1~2개분
　 레몬즙 … 1작은술
　 커민파우더 … 1/2작은술
　 고수분말 … 1/4작은술
　 소금 … 1/4작은술
　 후추 … 약간
□ 박력분 … 적당량

□ A 요거트(물기 제거한 것) … 60ml
　　 참깨 소스 … 1큰술
　　 소금 … 1/3작은술
　　 마늘(간 것) … 약간
　　 레몬즙 … 약간
　　 후추 … 약간
　　 커민파우더(혹은 카레가루) … 약간
　└ 카엔페퍼(있는 경우) … 약간

□ 튀김유 … 적당량

* 요거트는 체에 면보를 깔고
　플레인요거트 120ml를 넣어
　약 30분간 굴기를 빼서 사용한다.
　혹은 시판용 그릭요거트를
　사용해도 된다.

Recipe

1. 꽃상추는 얼음물에 담가 아삭하게 만든 다음 키친타월로 물기를 닦아 먹기 좋은 크기로 찢는다. 토마토는 7mm 두께로 둥글게 자르고 씨를 제거하여 1cm 사방으로 자른다.

2. 가지는 작게 잘라 물에 담갔다가 키친타월로 물기를 제거한다. 170℃로 가열한 튀김유에 넣고 노릇하게 튀긴 다음 꺼내어 기름기를 제거한다.

3. 팔라펠의 재료를 푸드프로세서에 넣고 섞는다. 만약 물기가 생겼다면 박력분 1~2큰술을 넣고 섞어 손으로 둥글릴 수 있을 정도의 점도로 만든다. 지름 3cm의 공 모양으로 둥글린 다음 박력분을 얇게 버무린다. 170℃로 가열한 식용유에 넣어 노릇하게 튀긴 다음 꺼내어 기름기를 제거한다.

4. 피타빵을 반으로 잘라 주머니 모양으로 벌린 다음 **1, 2,** 적양배추절임, **3**을 채운다. A의 재료를 섞어서 속재료에 뿌린다.

반미

빵 종류 바게트

속재료 크림치즈, 고수, 야채 초절임, 볼로냐 소시지, 피넛버터 마요네즈

베트남풍으로 야채를 식초에 버무린 다음 크림치즈로 감칠맛을 냈어요. 소시지와 햄은 많이 넣어도 맛있어요. 폭신폭신한 바게트로 만들면 현지 의 맛을 낼 수 있습니다.

Ingredients (2인분)

☐ 바게트(부드러운 타입) … 40cm

☐ 야채 초절임

   무(채 썬 것) … 3cm분(150g)

   당근(채 썬 것) … 1/3개분(50g)

   A 쌀 식초 … 1½큰술

      피시소스 … 1큰술

      설탕 … 1큰술

      레몬즙 … 1/2큰술

      마늘(다진 것) … 1/4쪽분

      홍고추(쫑쫑 썬 것) … 1/2개분

      물 … 30ml

☐ 볼로냐 소시지(혹은 다른 햄) … 6장

☐ 고수 … 적당량

☐ 크림치즈(실온에 둔 것) … 50g

☐ B 마요네즈 … 1작은술

      피넛버터 … 1작은술

Recipe

1. 야채 초절임을 만든다. 작은 냄비에 A를 넣고 중불에 올린다. 보글보글 끓어오르고 설탕이 녹으면 불을 끈다. 볼에 넣고 열기를 식힌 다음 무와 당근을 넣어 버무린다.

2. 바게트는 길이를 반으로 자르고 측면으로 칼집을 넣는다. B를 섞어 바게트의 아래쪽 단면에 바르고 소시지, 물기를 제거한 **1**, 고수를 순서대로 올린다. 바게트의 위쪽 단면에 크림치즈를 바르고 덮는다.

• 야채 초절임은 베트남식 초절임(p.88 참고)을 사용해도 맛있다.

대만식 불고기 샌드위치

빵 종류 식빵
속재료 고수, 갓절임, 돼지고기 볶음

만토우(중국식 빵)에 돼지고기 조림을 끼운 대만의 버거를 두툼한 빵과 얇게 자른 고기로 만들기 쉽게 응용해보았습니다. 달콤하면서 짭짤한 고기와 갓절임의 새콤한 맛이 절묘한 균형을 이루어요.

Ingredients (2인분)

□ 식빵(4~5장짜리) ⋯ 4장

□ 삼겹살(얇게 썬 것) ⋯ 200g

□ 마늘(다진 것) ⋯ 1/2쪽분

□ 갓절임(시판용, 다진 것) ⋯ 50g

□ 참기름 ⋯ 약간

□ A 청주 ⋯ 2큰술

　　비정제설탕 ⋯ 2작은술

　└ 간장 ⋯ 2작은술

□ B 버터(실온에 둔 것) ⋯ 1큰술

　└ 연겨자 ⋯ 2/3작은술

□ 고수(큼직하게 썬 것) ⋯ 적당량

□ 땅콩(굵게 다진 것) ⋯ 적당량

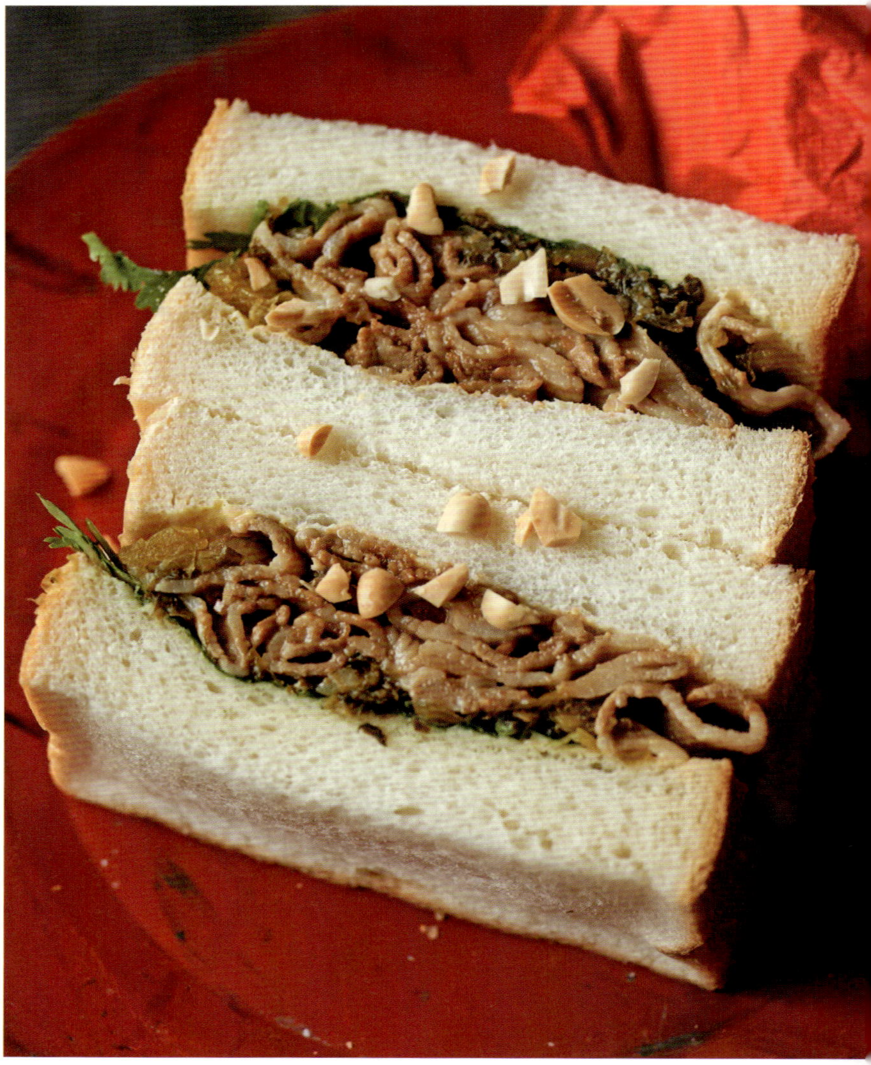

Recipe

1. 프라이팬에 참기름을 넣어 중불로 가열하고 마늘과 삼겹살을 넣어 굽는다. 고기의 색이 바뀌면 A를 넣고 물기가 없어질 때까지 볶는다. 배트에 꺼내 열기를 식힌다.

2. B를 섞고 빵의 한쪽 면에 바른다. 빵 2장에 1, 갓절임, 고수를 올리고 나머지 빵으로 덮은 다음 땅콩을 뿌린다.

• 자를 때는 랩으로 감싸 랩째로 자르면 편리하다.

키위 버터 샌드위치

빵 종류 식빵
속재료 로스햄, 슬라이스 치즈, 키위 소스

프라이팬으로 굽는 핫 샌드위치. 키위의 달콤함과 새콤함, 햄과 치즈의 짠맛이 균형을 이루어 멈출 수 없는 맛이에요.

Ingredients (2인분)

☐ 식빵(8~10장짜리) … 4장
☐ 키위 소스
　키위(잘게 다진 것)
　… 1/2개분(50g)
　설탕 … 1큰술
　마요네즈 … 2큰술
☐ 로스햄 … 4장
☐ 슬라이스 치즈 … 2장
☐ 버터 … 2큰술

Recipe

1. 키위 소스를 만든다. 작은 냄비에 키위, 설탕을 넣고 잘 섞은 다음 약불에 올리고 1분간 가열하며 물기를 날린다. 불에서 내려 열기를 식히고 마요네즈를 섞는다.

2. 빵 2장의 한쪽 면에 **1**을 바르고 치즈, 햄을 올린 다음 나머지 빵으로 덮는다.

3. 프라이팬에 버터 1/2큰술을 넣고 중불에 올려 녹인 다음 **2**의 한 세트를 넣어 뒤집개로 누르면서 노릇하게 굽는다. 뒤집어서 프라이팬에 버터 1/2큰술을 넣고 같은 방법으로 굽는다. 나머지 한 세트도 굽는다.

PART 4

Vegetable Sandwiches

만들어둔 재료를 사용한 야채 듬뿍 샌드위치

야채에 비네거나 소금, 설탕을 넣어 맛을 오래 유지시킬 수 있는 속재료를 만들어두면 고운 색에 영양이 골고루 잡힌 샌드위치를 빠르게 만들 수 있어요. 또 샌드위치에 곁들이면 사이드 디시로도 활용할수 있습니다. 날이 갈수록 맛이 스며들어 가기 때문에 맛의 변화를 즐길 수 있어요.

미리 만들어두면 편리한 속재료

만든 다음 시간을 조금 두기 때문에 맛이 확실히 들어요. 이것만 넣고 샌드위치를 만들어도 충분히 맛있고,
자주 사용하는 식재료나 미리 만들어둔 속재료들끼리 매치해도 신선한 맛의 샌드위치가 탄생한답니다.

당근라페

화이트와인비네거가 당근의 단맛을 끌어올려 산뜻한 풍미로 완성돼요.

Ingredients (만들기 쉬운 분량)

☐ 당근 … 2개(300g)

☐ A 올리브오일 … 1½큰술

　　화이트와인비네거 … 1/2큰술

　　소금 … 대략 1작은술

Recipe

1. 당근은 먹기 쉬운 길이로 채 썬다(채칼을 사용하면 편리하다).

2. 볼에 A를 넣고 섞은 다음 1을 넣어 버무린다.

• 보존용기에 넣어 냉장에서 약 5일간 보존 가능하다.

적양배추절임

소금에 절여 잠시 재워두면 자연 발효해요. 희미하게 산미가 느껴지고 색도 선명해집니다.

Ingredients (만들기 수운 분량)

☐ 적양배추 … 1/4개(250~300g)

☐ 소금 … 5~6g(양배추 중량의 2%)

Recipe

1. 적양배추는 채 썰어 볼에 넣고 소금을 뿌려 버무린다.

2. 보존용기에 넣고 간간이 섞으면서 전체가 예쁜 보라색이 될 때까지 실온에 반나절~이틀 둔다.

• 전체에 색이 고르게 입혀지면 먹을 수 있으며 냉장에서 약 14일간 보존 가능하다.

카포나타

수분이 빠져 맛이 진해진 야채에 풍미 가득한 토마토 소스를 버무렸어요.

Ingredients (만들기 쉬운 분량)

- □ 파프리카 … 1개
- □ 가지 … 2개
- □ 애호박 … 작은 것 1개
- □ 호박 … 50g
- □ 토마토 소스

  토마토캔 … 큰 것 1개(400g)

  마늘 … 1쪽

  올리브오일 … 1½큰술

  소금 … 1/2작은술

- □ 레드와인비네거(혹은 식초)

  … 1/2~1작은술

- □ 소금 … 1/2작은술
- □ 튀김유 … 적당량

Recipe

1. 토마토 소스를 만든다. 마늘은 으깨서 냄비에 넣고 올리브오일을 넣어 중불에 올린다. 향이 나면 다른 재료를 넣고 약불~중불로 약 15분 조린 다음 불을 끄고 열기를 식힌다.

2. 파프리카는 사방 1.5cm로 자른다. 가지, 애호박, 호박은 1.5cm 각으로 자른다. 가지는 소금 약간(분량 외)을 뿌려 2~3분 두었다가 키친타월로 물기를 닦는다.

3. 프라이팬에 튀김유를 2cm 깊이로 넣어 170℃로 가열한 다음 호박, 파프리카, 애호박, 가지 순으로 넣어 튀긴다. 튀겨진 재료들을 꺼내 기름을 제거하고 **1**의 냄비에 넣어 버무리듯 섞는다. 레드와인비네거, 소금을 넣어 섞는다.

• 보존용기에 넣어 냉장에서 5일간 보존 가능하다.

버섯오븐구이

오븐에 구운 버섯은 수분이 날아가 맛이 응축되어요. 버섯류는 이렇게 만들어두면 오래 두고 맛있게 먹을 수 있어요.

Ingredients (만들기 쉬운 분량)

- □ 버섯(양송이, 만가닥버섯, 표고 버섯 등) … 합쳐서 500g
- □ A 올리브오일 … 1½큰술
  └ 레드와인비네거(혹은 식초) … 1/2큰술
- □ 소금 … 1/2작은술
- □ 마늘(얇게 썬 것) … 1/2쪽분
- □ 허브(있는 경우, 타임이나 오레 가노 등) … 적당량

Recipe

1. 버섯은 먹기 좋게 손으로 찢어 볼에 넣고 A를 넣어 버무린다.

2. 오븐을 180℃로 예열한다. 내열용기에 1을 펼치고 소금을 친 다음 마늘과 허브를 뿌린다. 오븐팬에 내열용기를 올리고 약 15분간 굽는다.

• 보존용기에 넣어 냉장에서 약 5일간 보존 가능하다.

세미 로스트 토마토

저온에서 확실히 구우면 촉촉하면서 농후한 단맛으로 완성돼요.

Ingredients (만들기 쉬운 분량)

□ 방울토마토 … 360g

□ 소금 … 1/3작은술

□ 올리브오일 … 2작은술

□ 허브(취향에 따라 타임, 오레가
　노 등) … 적당량

Recipe

1. 방울토마토는 반으로 잘라 내열용기에 넣는다. 소금을 치고 올리브
　오일을 두른 다음 허브를 뿌린다.

2. 오븐을 140℃로 예열한다. 오븐팬에 **1**의 내열용기를 올리고 약 50분
　간 구운 다음 그대로 두어 식힌다.

• 보존용기에 넣어 냉장에서 약 7일간 보존 가능하다.

톳 페페론치노

톳을 올리브오일로 볶아 완성한 페페론치노입니다.

Ingredients (만들기 쉬운 분량)

- □ 톳(건조) … 20g
- □ 마늘(잘게 다진 것) … 1/2쪽분
- □ 안초비(잘게 다진 것) … 2개분
- □ 올리브오일 … 2작은술
- □ 홍고추(쫑쫑 썬 것) … 1/2개분

Recipe

1. 톳은 물에 불린 다음 체에 쳐서 물기를 확실히 제거한다.

2. 프라이팬에 마늘, 안초비, 올리브오일, 고추를 넣고 중불에 올린 다음 향이 나기 시작하면 톳을 넣어 빠르게 볶는다.

• 보존용기에 넣어 냉장에서 약 5일간 보존 가능하다.

포인트로 주기 좋은 초절임

빵 사이에 넣어 깔끔한 뒷맛을 주는 초절임. 계절이나 취향에 따라 다른 야채로 만드는 것도 좋아요.

베트남식 초절임

Ingredients (만들기 쉬운 분량)

- □ 무 … 1/3개(500g)
- □ 당근 … 1개(150g)
- □ A 쌀식초 … 3큰술

  피시소스 … 2큰술

  설탕 … 2큰술

  레몬즙 … 1큰술

  마늘(다진 것) … 1/2쪽분

  홍고추(쫑쫑 썬 것) … 1개분

  물 … 60ml

Recipe

1. 무와 당근은 4cm 길이로 잘라 채 친 다음 함께 볼에 넣는다.

2. 작은 냄비에 A를 넣고 중불에 올린다. 보글보글 끓어오르고 설탕이 녹으면 불을 꺼서 열기를 식힌 다음 **1**의 볼에 넣어 버무린다.

- 보존용기에 넣어 냉장에서 약 14일간 보존 가능하다.

피클

Ingredients (만들기 쉬운 분량)

- □ 순무 … 작은 것 2개(100g)
- □ 콜리플라워 … 1/2개(200g)
- □ 파프리카(빨간색) … 1/2개(50g)
- □ A 화이트와인 … 100ml
  - 설탕 … 4½큰술
  - 소금 … 1작은술
  - 월계수잎 … 1장
  - 홍고추(쫑쫑 썬 것) … 1/2개분
  - 코리앤더 씨드(있는 경우) … 1/2작은술
  - 물 … 50ml
- □ 화이트와인비네거(혹은 식초) … 200ml
- □ 소금 … 적당량

Recipe

1. 작은 냄비에 A를 넣고 중불에 올린다. 보글보글 끓어오르고 설탕이 녹으면 불을 끈다. 화이트와인비네거를 넣어 섞고 완전히 식으면 보존용기에 옮긴다.

2. 야채는 먹기 좋은 크기로 썬다. 소금을 넣은 뜨거운 물에 살짝 데친 다음 꺼내고 열기를 식혀 **1**에 넣는다.

- 야채는 오이나 당근 등을 넣어도 좋다. 합쳐서 350g이 되는 것을 기준으로 한다.
- 다음 날부터 먹을 수 있으며 냉장으로 약 1개월 보존 가능하다.

적양파 초절임

Ingredients (만들기 쉬운 분량)

- □ 적양파(얇게 썬 것) … 1개분
- □ A 올리브오일 … 1큰술
  - 화이트와인비네거(혹은 식초) … 1작은술
  - 소금 … 1/2작은술

Recipe

볼에 A를 넣어 섞고 적양파를 넣어 버무린다.

- 보존용기에 넣어 냉장에서 약 4일간 보존 가능하다. 색은 서서히 옅어진다.

당근라페로

당근 참치마요 샌드위치

빵 종류 식빵(산형)
속재료 당근라페, 참치 마요네즈

맛도 좋고 영양가도 높은 조합의 샌드위치. 참치 대신 햄으로 바꾸거나 파슬리 등을 더해도 맛있어요.

Ingredients (2인분)

□ 식빵(산형, 8장짜리) ··· 4장
□ 당근라페(p.82 참조) ··· 120g
□ 참치캔 ··· 작은 것 2캔(140g)
□ A 마요네즈 ··· 2작은술
  └ 후추 ··· 약간
□ 버터(실온에 둔 것) ··· 1큰술

Recipe

1. 참치는 국물을 제거한다. 볼에 넣고 A를 넣어 섞는다.

2. 빵 2장의 단면에 버터를 바르고 **1**, 당근라페 순으로 올려 펼친 다음 나머지 빵으로 덮는다.

• 자를 때는 랩으로 감싸 랩째로 자르면 편리하다.

당근라페로

빵 종류 식빵
속재료 마요네즈에 버무린 아보카도,
당근라페

당근 아보카도 샌드위치

깔끔한 맛의 당근라페와 진한 아보카도는 맛뿐만 아니라 색 조합도 예뻐요.

Ingredients (2인분)

□ 식빵(8장짜리) … 4장

□ 당근라페(p.82 참조) … 120g

□ 아보카도 … 큰 것 1개

□ A 마요네즈 … 1/2큰술

└ 레몬즙 … 1/2작은술

└ 커민파우더 … 1/4작은술

□ 버터(실온에 둔 것) … 1/2큰술

Recipe

1. 아보카도는 마구 썰어 볼에 담는다. A를 넣어 섞는다.

2. 빵 2장의 단면에 버터를 바르고 당근라페와 **1**을 올린 다음 나머지 빵
으로 덮는다.

• 자를 때는 랩으로 감싸 랩째로 자르면 편리하다.

적양배추절임으로

핫도그

빵 종류 핫도그용 빵
속재료 프랑크 소시지, 적양배추절임

새콤한 양배추는 핫도그의 맛을 본격적으로 만들어줘요. 소시지의 맛을 끌어올리는 케첩과 머스터드도 필수 재료예요.

Ingredients (2인분)

□ 핫도그용 빵 … 2개

□ 적양배추절임(p.83 참조) … 50g

□ 프랑크 소시지 … 2개

□ A 버터(실온에 둔 것) … 1/2큰술
  └ 홀그레인머스터드 … 1작은술

□ 토마토케첩 … 적당량

□ 식용유 … 약간

Recipe

1. 프라이팬에 식용유를 두르고 중불에 올린다. 소시지를 넣고 노릇하게 굽는다.

2. A를 섞어 빵의 단면에 바르고 적양배추와 **1**을 사이어 끼운 다음 케첩을 뿌린다.

적양배추절임으로

양배추와 베이컨 샌드위치

빵 종류 식빵
속재료 베이컨, 적양배추절임

베이컨은 촉촉한 느낌을 남기면서 소테합니다. 양배추는 적당한 산미와 식감으로 깔끔한 뒷맛을 선사해요.

Ingredients (2인분)

□ 식빵(8장짜리) … 4장

□ 적양배추절임(p.83 참조) … 30g

□ 베이컨 … 2장

□ A 버터(실온에 둔 것) … 1큰술
  └ 홀그레인머스터드 … 1작은술

Recipe

1. 베이컨은 2cm 폭으로 자른다. 프라이팬을 중불에 올리고 베이컨을 넣어 노릇해질 때까지 굽는다.

2. A를 섞고 빵 2장의 한쪽 면에 바른다. 적양배추와 **1**을 올리고 나머지 빵으로 덮는다.

• 자를 때는 랩으로 감싸 랩째로 자르면 편리하다.

Vegetable
Sandwiches 5.

카포나타로

알록달록 야채와 생햄 샌드위치

빵 종류 바게트
속재료 루콜라, 생햄, 카포나타

동글동글 야채를 넣은 카포나타에 생햄을 겹쳐 식감을 살렸어요. 루콜라의 향이 포인트가 되어줍니다.

Ingredients (2인분)

□ 바게트 ⋯ 40cm

□ 카포나타(p.84 참조) ⋯ 160g

□ 생햄 ⋯ 2~4장

□ 루콜라 ⋯ 4~5줄기

□ A 버터(실온에 둔 것) ⋯ 1큰술
└ 머스터드 ⋯ 1/2작은술

Recipe

1. 바게트는 길이를 반으로 자른 다음 측면으로 칼을 넣어 칼집을 깊게 넣는다.

2. A를 섞어 바게트의 단면에 바르고 카포나타, 생햄, 루콜라를 순서대로 올린 다음 빵을 덮는다.

카포나타로

알록달록 야채와 크림치즈 샌드위치

빵 종류 식빵
속재료 바질, 카포나타, 레몬크림치즈

색색이 예쁜 야채로 만든 카포나타와 빵을 크림치즈가 연결해줘요. 레몬과 바질로 산뜻한 향을 더했습니다.

Ingredients (2인분)

□ 식빵(8장짜리) … 4장

□ 카포나타(p.84 참조) … 160g

□ 바질(있는 경우) … 2~3장

□ A 크림치즈(실온에 둔 것) … 40g
      레몬즙 … 1작은술
      올리브오일 … 1작은술

Recipe

A를 섞어 빵의 한쪽 면에 바른다. 빵 2장에 카포나타, 바질을 올리고 나머지 빵으로 덮는다.

• 자를 때는 랩으로 감싸 랩째로 자르면 편리하다.

버섯오븐구이로

버섯과 햄 샌드위치

빵 종류 바게트
속재료 허브, 버섯오븐구이, 토스햄

버섯에는 감칠맛이 있어 햄 대신 샐러드 치킨(p.118 참고)으로 바꿔도 좋아요. 생 야채를 더하면 보다 건강한 샌드위치로 완성됩니다.

Ingredients (2인분)

☐ 바게트 … 40cm

☐ 버섯오븐구이(p.85 참조) … 80g

☐ 로스햄 … 4장

☐ A 무염버터(실온에 둔 것)
　　　… 1큰술
　　└ 머스터드 … 1/2작은술

☐ 허브(바질이나 타임 등 취향에
　　따라) … 적당량

Recipe

1. 바게트는 길이를 반으로 자르고 측면으로 칼을 넣어 칼집을 깊게 낸다.

2. A를 섞어 단면에 바르고 햄, 버섯오븐구이, 허브를 올린 다음 빵을 덮는다.

세미 로스트 토마토로

토마토와 카망베르 샌드위치

빵 종류 식빵
속재료 카망베르치즈, 양파,
　　　　세미 로스트 토마토

학생 시절 정말 좋아했던 샌드위치 가게의 간판 메뉴였어요. 치즈는 보다 크리미한 브리치즈를 사용하는 것도 추천해요. 양파는 p.88~89의 초절임을 활용해도 좋아요.

Ingredients (2인분)

☐ 식빵(8장짜리) … 4장

☐ 세미 로스트 토마토(p.36 참조)
　　… 18조각

☐ 양파(잘게 다진 것) … 1큰술

☐ 카망베르치즈(얇게 썬 것) … 50g

☐ 마요네즈 … 2큰술

Recipe

1. 양파는 물에 담갔다가 물기를 없애고 키친타월로 꼼꼼히 닦는다.

2. 빵 2장에 마요네즈를 바르고 세미 로스트 토마토와 1, 카망베르치즈를 올린 다음 나머지 빵으로 덮는다.

• 자를 때는 랩으로 감싸 랩째로 자르면 편리하다.

톳 페페론치노와
적양배추절임으로

톳과 적양배추 샌드위치

빵 종류 식빵
속재료 적양배추절임, 톳 페페론치노

미리 만들어둔 두 가지의 속재료로 완성하는 간단한 샌드위치. 양상추 등의 야채를 듬뿍 넣는 것도 추천해요.

Ingredients (2인분)

□ 식빵(8장짜리) … 4장

□ 톳 페페론치노(p.87 참조) … 60g

□ 적양배추절임(p.83 참조) … 30g

□ 마요네즈 … 2큰술

□ A 무염버터(실온에 둔 것)

　　 … 1/2큰술

　└ 머스터드 … 1/2작은술

Recipe

빵 2장의 한쪽 면에 마요네즈를 바르고 톳 페페론치노와 적양배추절임을 올린다. A를 섞어 나머지 빵의 한쪽 면에 바른 다음 덮는다.

• 마요네즈는 두부마요네즈(p.29 참조) 50g으로 바꾸면 가벼운 느낌으로 완성할 수 있다.
• 자를 때는 랩으로 감싸 랩째로 자르면 편리하다.

톳 페페론치노와
세미 로스트 토마토로

톳과 로스트 토마토 샌드위치

빵 종류 식빵
속재료 세미 로스트 토마토,
　　　톳 페페론치노·블루치즈·건포
　　　도를 섞은 것

이 샌드위치도 미리 만들어둔 두 종류의 속재료로 완성해요. 톳과 블루치즈의 짠맛, 토마토와 건포도의 단맛이 절묘하게 어우러져요.

Ingredients (2인분)

□ 식빵(6장짜리) … 4장

□ 톳 페페론치노(p.87 참조) … 80g

□ 세미 로스트 토마토(p.36 참조)

　 … 8조각

□ 블루치즈(굵게 다진 것) … 40g

□ 건포도 … 30g

□ A 무염버터(실온에 둔 것) … 1큰술

　└ 머스터드 … 1작은술

Recipe

1. 볼에 톳 페페론치노와 블루치즈, 건포도를 넣고 섞는다.

2. A를 섞어 빵의 한쪽 면에 바르고 빵 2장에 **1**과 세미 로스트 토마토를 올린 다음 나머지 빵으로 덮는다.

• 자를 때는 랩으로 감싸 랩째로 자르면 편리하다.

PART 5

Meat & Seafood
Sandwiches

볼륨 만점 고기 & 해산물 샌드위치

단백질을 확실히 섭취할 수 있어 도시락에 딱 알맞은 샌드위치입니다. 만들기 복잡해 보일지 모르지만, 얇게 썬 고기나 생천살 등 손질된 식재료를 사용하여 놀라울 정도로 간단히 만들 수 있어요. 야채도 함께 넣어 영양적으로 균형 잡힌 한 끼 식사로 만들어보았습니다.

고기
샌드위치

햄버거

빵 종류 햄버거용 번
속재료 양상추, 토마토, 적양파,
　　　　오이 피클, 햄버거 패티

햄버거도 직접 만들면 자유자재로 응용 가능해요. 햄버거 패티는 볶은 양파 대신 토마트를 넣어 단맛과 육즙을 살렸어요. 야채도 듬뿍 넣어 수제 햄버거에서만 느낄 수 있는 볼륨감을 더했습니다.

Ingredients (2인분)

□ 햄버거용 번 ⋯ 2개

□ 토마토 ⋯ 작은 것 1개

□ 양상추 ⋯ 2~3장

□ 적양파(가로로 얇게 썬 것)
　　⋯ 1/4개분

□ 오이 피클(시판용, 얇게 썬 것)
　　⋯ 적당량

□ 햄버거 패티
　소고기 다짐육 ⋯ 200g
　빵가루 ⋯ 10g
　우유 ⋯ 2큰술
　소금, 후추 ⋯ 각 약간

□ 식용유 ⋯ 약간

□ A 토마토케첩 ⋯ 1큰술
　┌ 우스터소스 ⋯ 1큰술
　└ 레드와인 ⋯ 1큰술

□ B 버터(실온에 둔 것) ⋯ 1큰술
　└ 연겨자 ⋯ 1/2작은술

Recipe

1. 토마토는 7mm 두께로 둥글게 썰어 2개를 만들고 씨를 제거해둔다. 나머지 토마토는 잘게 다진다. 양상추는 얼음물에 담가 아삭하게 만들고 키친타월로 물기를 닦는다.

2. 볼에 햄버거 패티 재료를 넣고 잘 섞는다. 1의 잘게 다진 토마토도 넣어 섞고 2등분하여 평평한 원형으로 만든다.

3. 프라이팬에 식용유를 두르고 중불로 가열한 다음 2를 넣어 굽는다. 패티가 익고 양면이 노릇하게 구워지면 배트에 꺼낸다.

4. 계속해서 프라이팬에 A를 넣고 중불에 올린다. 섞으면서 빠르게 조린 다음 3을 다시 넣어 버무린다.

5. B를 섞어 번의 단면에 바른다. 4, 오이 피클, 적양파 1의 둥글게 썬 토마토 순서로 올린다. 양상추를 접어 올리고 번을 덮는다. 취향에 따라 양상추에 마요네즈를 뿌려도 좋다.

• 시판용 피클 대신 p.89의 피클을 사용해도 좋다.

불고기 샌드위치

빵 종류 식빵
속재료 상추, 무순, 불고기용 소고기,
      고추장 버터

달콤한 불고기 소스로 버무려 소고기를 고소하게 만들어요. 무순이나 상추를 가득
올려 건강한 한 끼로 완성했습니다.

Ingredients (2인분)

- □ 식빵(8장짜리) … 4장
- □ 소고기(얇게 썬 것) … 150g
- □ 참기름 … 1작은술
- □ A 간장 … 1/2큰술
   맛술 … 1작은술
   깨(간 것) … 1작은술
   마늘(간 것) … 약간
- □ B 버터(실온에 둔 것) … 2작은술
   고추장 … 1/2작은술
- □ 무순 … 30g
- □ 상추 … 4장

Recipe

1. 프라이팬에 참기름을 두르고 중불에 올린 다음 소고기를 볶는다. 고기 색이 변하면 A를 섞어 넣고 소고기를 버무린다. 배트에 꺼내 열기를 식힌다.

2. B를 섞어 빵의 한쪽 면에 바른다. 빵 2장에 1, 무순, 상추를 순서대로 올리고 나머지 빵으로 덮는다.

• 자를 때는 랩으로 감싸 랩째로 자르면 편리하다.

멕시칸 샌드위치

빵 종류 피타빵
속재료 소고기 소테, 토마토 마리네이드,
과카몰리

손쉽게 사용할 수 있는 얇게 썬 소고기를 간단하게 소테했어요. 먹기 편한 피타빵 사이에 산뜻한 과카몰리와 토마토 마리네이드를 넣었습니다.

1

Ingredients (2인분)

- □ 피타빵(시판용) … 2장
- □ 소고기(얇게 썬 것) … 150g
- □ 마늘(얇게 썬 것) … 1/2쪽분
- □ 올리브오일 … 1작은술
- □ 소금 … 1/3작은술
- □ 후추 … 약간
- □ 과카몰리
  - 아보카도 … 1개
  - A 라임즙 … 1작은술
    - 마늘(간 것) … 약간
    - 소금 … 약간
    - 타바스코 … 약간
- □ 토마토 마리네이드
  - 토마토 … 작은 것 1개
  - B 고수 줄기(다진 것) … 1작은술
    - 적양파(다진 것) … 1작은술
    - 소금 … 1/2작은술
  - 올리브오일 … 1큰술

Recipe

1. 과카몰리를 만든다. 아보카도는 1cm 각으로 자른다. 볼에 A를 넣고 섞은 다음 아보카도를 넣어 버무린다.

2. 토마토 마리네이드를 만든다. 토마토는 1cm 두께르 둥글게 썰고 씨를 제거한 다음 정사각형 모양으로 자른다. 볼에 B를 넣어 섞고 토마토, 올리브오일을 넣어 버무린다.

3. 프라이팬에 올리브오일과 마늘을 넣어 중불에 올리고 향이 나기 시작하면 소고기를 넣어 굽는다. 고기 색이 변하면 소금, 후추로 간을 하고 배트에 꺼내 열기를 식힌다.

4. 피타빵을 반으로 잘라 주머니 모양으로 벌리고 **1, 2, 3**을 채운다. 취향에 따라 고수를 넣어도 좋다.

- 피타빵은 p.73의 레시피로 만든 것을 사용해도 맛있다.

허니 머스터드 포크 샌드위치

고기를 버무린 소스는 매콤달콤하면서 새콤하기까지 해 균형이 아주 좋아요. 꽃상추를 여러 겹 겹쳐 아삭아삭한 식감이에요.

빵 종류 식빵
속재료 꽃상추, 허니 머스터드 포크

Ingredients (2인분)

- □ 식빵(6장짜리) … 4장
- □ 돈가스용 돼지고기 등심
  … 큰 것 2장(250g)
- □ 소금 … 1/2작은술
- □ 후추 … 약간
- □ 꽃상추 … 4장
- □ 올리브오일 … 1/2작은술
- □ A 홀그레인머스터드 … 1/2큰술
  - 꿀 … 1/2큰술
  - 간장 … 1/2큰술
  - 화이트와인 … 1/2큰술
- □ B 버터(실온에 둔 것) … 1큰술
  - 홀그레인머스터드 … 1작은술

Recipe

1. 꽃상추는 얼음물에 담가 아삭아삭하게 만들고 키친타월로 물기를 없앤 다음 먹기 좋게 찢는다. 돼지고기는 힘줄을 제거하고 소금, 후추를 뿌린다.

2. 프라이팬에 올리브오일을 두르고 중불에 올린 다음 **1**의 돼지고기를 넣는다. 양면을 노릇하게 굽고 A를 넣어 버무린다. 배트에 꺼내 열기를 식힌 후 1cm 폭으로 자른다.

3. B를 섞고 빵의 한쪽 면에 바른다. 빵 2장에 **2**를 조금씩 겹쳐 올리고 꽃상추를 올린 다음 나머지 빵으로 덮는다.

- 자를 때는 랩으로 감싸고 누름돌로 가볍게 누른 다음 냉장실에 약 15분 두어 속재료가 안정되면 랩째로 자른다.
- 돼지고기를 가로로 길게 올리고 세로로 자르면 사진과 같은 단면이 된다.

사과 소테 포크 샌드위치

돼지고기와 사과의 산뜻한 단맛이 의외로 잘 어울려요. 루콜라 대신 채 썬 양배추를 사용해도 좋아요.

빵 종류 식빵
속재료 루콜라, 사과 소테, 돼지고기 소테

Ingredients (2인분)

- □ 식빵(6장짜리) … 4장
- □ 돈가스용 돼지고기 등심
    … 큰 것 2장(250g)
- □ 소금 … 1/3작은술
- □ 후추 … 약간
- □ 사과 … 1/2개
- □ 올리브오일 … 약간
- □ 버터 … 1작은술
- □ A 간장 … 1작은술
    발사믹식초 … 1작은술
    메이플시럽 … 1작은술
- □ B 버터(실온에 둔 것) … 1큰술
    머스터드 … 1작은슬
- □ 루콜라 … 적당량

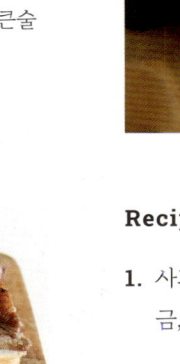

- 자를 때는 랩으로 감싸고 누름돌로 가볍게 누른 다음 냉장실에 약 15분 두어 속재료가 안정되면 랩째로 자른다.
- 돼지고기를 가로로 길게 올리고 세로로 자르면 사진과 같은 단면이 된다.

Recipe

1. 사과는 껍질째로 1.5cm 각으로 썬다. 돼지고기는 흰 줄을 제거하고 소금, 후추를 뿌린다.

2. 프라이팬에 올리브오일을 두르고 중불에 올린 다음 돼지고기를 넣는다. 노릇하게 구워지면 뒤집어서 프라이팬 구석으로 옮긴다.

3. 프라이팬의 빈 곳에 사과와 버터를 넣고 사과를 빠르게 볶은 다음 뚜껑을 덮어 약 1분간 둔다. A를 전체에 둘러 뿌린 다음 버무린다. 꺼내서 열기를 식히고 돼지고기는 1cm 폭으로 썬다.

4. 빵은 토스터로 굽고 B를 섞어 빵의 한쪽 면에 바른다. 빵 2장에 돼지고기를 조금씩 겹쳐 올리고 사과와 루콜라를 올린 다음 나머지 빵으로 덮는다.

탄두리 치킨 샌드위치

빵 종류 식빵
속재료 크레송, 탄두리 치킨

마리네에 들어간 요거트와 양파가 닭고기를 촉촉하고 부드럽게 만들어요. 맛이 제대로 들기 때문에 야채도 듬뿍 넣으면 좋아요. 크레송 대신 루콜라나 양상추를 넣어도 괜찮아요.

Ingredients (2인분)

□ 식빵(6장짜리) … 4장

□ 닭다리살 … 큰 것 1개(300g)

□ 소금 … 2/3작은술

□ 후추 … 약간

□ 카레 요거트 마리네

　　플레인 요거트 … 60g

　　양파(간 것) … 1/4개분

　　생강(간 것) … 1쪽분

　　마늘(간 것) … 1/2쪽분

　　레몬즙 … 1/2큰술

　　카레가루 … 2작은술

　　소금 … 1/2작은술

　　고춧가루 … 약간

□ 버터(실온에 둔 것) … 1큰술

□ 크레송(혹은 루콜라) … 30g

□ 식용유 … 약간

Recipe

1. 닭고기는 소금, 후추로 버무린 다음 약 5분 두었다가 키친타월로 물기를 제거한다. 카레 요거트 마리네 재료를 섞어서 배트에 넣고 닭고기를 넣어 표면에 딱 맞게 랩을 씌운다. 그 상태로 냉장실에 하룻밤 둔다.

2. 프라이팬에 식용유를 두르고 중불에 가열한다. 1의 물기를 가볍게 닦아 프라이팬에 넣는다. 중간중간 위아래를 뒤집으면서 노릇노릇하게 구워 고기를 익힌다(혹은 190℃로 예열한 오븐에서 약 20분 굽는다). 꺼내서 열기를 식히고 1.5cm 폭으로 자른다.

3. 버터를 빵의 한쪽 면에 바른다. 빵 2장에 2를 조금씩 겹쳐 올리고 크레송을 올린 다음 빵으로 덮는다.

• 자를 때는 랩으로 감싸고 누름돌로 가볍게 누른 다음 냉장실에 약 15분 두어 속재료가 안정되면 랩째로 자른다.
• 닭고기를 가로로 길게 두고 세로로 자르면 사진과 같은 단면이 된다.
• 사용하고 남은 카레 요거트 마리네는 생선살이나 소고기를 담갔다가 구워도 맛있다.

타프나드 치킨 샌드위치

빵 종류 식빵(산형)

속재료 양상추, 토마토, 타프나드 치킨

고기에 타프나드를 발라 짠맛과 감칠맛이 배도록 합니다. 타프나드의 올리브는 씹는 식감이 나도록 크게 다져 사용하면 샌드위치의 포인트가 돼요. 이 페이스트는 흰살생선과도 잘 어울리기 때문에 만드는 법을 알아두면 요긴ㅎ 답니다.

Ingredients (2인분)

□ 식빵(산형, 6장짜리) … 4장

□ 닭다리살 … 큰 것 1개(300g)

□ 소금 … 1/2작은술

□ 후추 … 약간

□ 올리브오일 … 1작은술

□ 타프나드

　블랙올리브(씨 없는 것 굵게 다진

　것) … 5개분

　안초비(잘게 다진 것)

　… 1½개분(5g)

　올리브오일 … 1/2작은술

　레몬즙 … 1/2작은술

　마늘(간 것) … 약간

□ 버터(실온에 둔 것) … 1큰술

□ 토마토 … 1개

□ 양상추 … 4~5장

Recipe

1. 닭고기는 전체에 소금, 후추를 뿌린다. 토마토는 7mm 두께로 둥글게 썰고 씨를 제거한다. 양상추는 얼음물에 담가 아삭하게 만들고 키친타월로 물기를 없앤 다음 먹기 좋게 찢는다. 타프나드 재료를 볼에 넣어 섞는다.

2. 프라이팬에 올리브오일을 두르고 중불에 올린 다음 닭고기의 껍질 부분을 아래로 해서 굽는다. 껍질 부분이 노릇하게 구워지면 뒤집고 타프나드를 바른 다음 뚜껑을 덮어 약불로 약 2분간 찌듯이 굽는다. 배트에 꺼내 열기를 식힌 다음 2cm 폭으로 자른다.

3. 빵은 토스터로 굽고 한쪽 면에 버터를 바른다. 빵 2장에 **2**를 조금씩 겹쳐 올리고 토마토, 양상추를 올려 나머지 빵으로 덮는다.

• 자를 때는 랩으로 감싸고 누름돌로 가볍게 누른 다음 냉장실에 약 15분 두어 속재료가 안정되면 랩째로 자른다.
• 닭고기를 세로로 길게 두고 가로로 자르면 사진과 같은 단면이 된다.

로스트 포크로 만드는 응용 샌드위치

로스트 포크

미리 손질해둔 고기가 있으면 씹는 식감이 있는 샌드위치를 금방 만들 수 있어요.

로스트 포크를 제대로 완성하는 요령은 화이트와인을 뿌려 수분을 흡수시키면서 저온의 오븐에서 제대로 굽는 것이에요.

여열로 속까지 천천히 익히면 완성입니다.

1

Ingredients (만들기 쉬운 분량)

☐ 돼지목살(덩어리, 실온에 둔 것)
　　… 450g

☐ 소금 … 약 1작은술

☐ 후추 … 약간

☐ 마늘(얇게 썬 것) … 1쪽분

☐ 화이트와인 … 3큰술

Recipe

1. 돼지고기는 소금, 후추로 버무리고(취향에 따라 허브를 넣어도 좋다) 오븐용 페이퍼를 깐 철판에 넣어 마늘을 올린 후 화이트와인을 뿌린다.

2. 오븐을 140℃로 예열한다. **1**을 철판째로 올려 40~50분 굽는다. 돼지고기를 꺼내 알루미늄 포일로 감싼 다음 오븐에 넣고 식을 때까지 두어 여열로 익힌다.

• 보존용기에 넣어 냉장에서 약 4일간 보존 가능하다.

차이니즈 로스트 포크 샌드위치

빵 종류 식빵

속재료 파, 고수, 미소 소스,
　　　　로스트 포크, 오이

달달한 미소 소스가 여운을 남기면서 아삭아삭한 오이로 뒷맛을 깔끔하게 해줘요.
폭신한 빵을 사용하여 만들어보세요.

Ingredients (2인분)

☐ 식빵(6장짜리) … 4장

☐ 로스트 포크(p.114 참조) … 150g

☐ 미소 소스

　굴소스 … 1/4큰술

　아카미소 … 1/2작은술

　비정제설탕 … 1/2작은술

　오향분 … 1/4작은술

　물 … 1큰술

☐ 오이 … 1개

☐ A 버터(실온에 둔 것) … 2작은술
　└ 연겨자 … 1/2작은술

☐ 고수(크게 썬 것) … 적당량

☐ 파(잘게 다진 것) … 약간

* 아카미소는 일본식 붉은 된장이다.

* 오향분은 중국의 향신료이다 소량 사용
　하면 독특한 풍미가 생긴다. 중화 식재
　료점에서 구입할 수 있다.

Recipe

1. 미소 소스를 만든다. 미소 소스의 재료를 내열 볼에 넣어 랩으로 감
   싸고 전자레인지로 약 30초 가열한 다음 섞는다.

2. 오이는 3mm 두께로 어슷썰기 한다. 로스트 포크는 5mm 두께로 썬다.

3. A를 섞고 빵의 한쪽 면에 바른
   다. 빵 2장에 오이를 조금씩 겹쳐
   올린다. 그 위에 로스트 포크도
   조금씩 겹쳐 올린다. 1을 뿌리고
   고수와 파를 뿌린 다음 나머지
   빵으로 덮는다.

• 자를 때는 랩으로 감싸 랩째로 자
　르면 편리하다.

• 오이와 돼지고기를 세로로 길게
　올리고 가로로 자르면 사진과 같
　은 단면이 된다.

로스트 포크 카스 크루트

빵 종류 바게트
속재료 세미 로스트 토마토, 로스트 포크

오븐에 구운 토마토의 진한 맛과 산미가 심플한 맛의 로스트 포크와 조화를 이루어요. 쌉쌀한 푸른 채소를 곁들여도 맛있어요.

Ingredients (2인분)

☐ 바게트 … 40cm

☐ 로스트 포크(p.114 참조) … 160g

☐ A 간장 … 2작은술
　└ 발사믹식초 … 2작은술

☐ 세미 로스트 토마토(p.86 참조)
　　… 8조각

☐ B 버터(실온에 둔 것) … 2큰술
　└ 홀그레인머스터드 … 2작은술

Recipe

1. 로스트 포크는 얇게 썬다. 볼에 넣어 A를 넣고 버무린다.

2. 바게트는 길이를 반으로 자르고 측면에 칼을 넣어 두께를 반으로 자른다. B를 섞어 바게트의 단면에 바르고 1과 토마토를 올려 덮는다.

• 세미 로스트 토마토는 생 방울토마토로 대체해도 맛있다.

로스트 포크 참치 안초비 소스 샌드위치

빵 종류 식빵
속재료 참치 안초비 소스, 토스트 포크,
양상추, 양파

피에몬테 요리에 자주 사용하는 소스를 로스트 포크로 응용해보았어요. 참치의 풍
부한 감칠맛이 고기를 더욱 돋보이게 해준답니다.

Ingredients (2인분)

- □ 식빵(6장짜리) … 4장
- □ 로스트 포크(p.114 참조) … 150g
- □ 참치 안초비 소스
  참치캔 … 작은 것 1개(70g)
  안초비 필레 … 1개
  마요네즈 … 2큰술
  케이퍼(있는 경우) … 1작은술
- □ 양파(얇게 썬 것) … 1/6개분(30g)
- □ 양상추 … 4~5장
- □ 버터(실온에 둔 것) … 1/2큰술

Recipe

1. 양상추는 얼음물에 담가 아삭하게 만들고 키친타월로 물기를 없앤
다음 먹기 좋게 찢는다. 로스트 포크는 얇게 썬다.

2. 참치 안초비 소스를 만든다. 참치는 국물을 없앤다. 깊이가 있는 볼에
넣고 다른 재료를 넣어 핸드믹서로 매끄러워질 때까지 섞는다(혹은
안초비를 잘게 다져 거품기로 섞는다).

3. 빵 2장의 한쪽 면에 버터를 바른
다. 양파, 양상추, 로스트 포크를
올린 다음 나머지 빵의 한쪽 면
에 **2**를 발라 덮는다.

• 자를 때는 랩으로 감싸 랩째로 자르
면 편리하다.

샐러드 치킨으로 만드는 응용 샌드위치

샐러드 치킨

다양한 요리로 응용이 가능한 샐러드 치킨. 전자레인지를 활용하면 고기의 맛을 간편하게 응축시킬 수 있습니다. 가열 시간은 전자레인지의 종류나 고기의 두께에 따라 다르므로 상태를 보면서 가감해주세요.

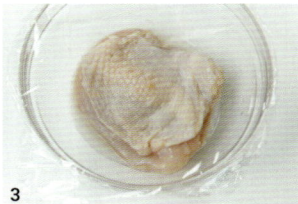

3

Ingredients (만들기 쉬운 분량)

□ 닭가슴살(실온에 둔 것)

　… 1장(250g)

□ A 소금 … 1/2작은술

　├ 화이트와인(혹은 식초) … 1큰술

　└ 물 … 1큰술

Recipe

1. 닭고기는 두께가 있는 부분에 칼집을 넣어 벌려 두께를 균일하게 한다. 맛이 잘 스며들도록 포크로 전체를 찌른다.

2. 내열 그릇에 A를 넣고 섞는다. 닭고기를 넣어 5분 이상 둔다.

3. 랩을 헐겁게 씌운 다음 전자레인지로 약 2분 30초 가열한다. 한 번 꺼내어 닭고기의 위아래를 뒤집고 다시 30초 가열한다. 그대로 식을 때까지 두면서 여열로 익힌다.

• 국물째로 보존용기에 넣어 냉장에서 약 4일간 보존 가능하다.

방방지 샌드위치

빵 종류 식빵
속재료 고수, 방방지, 파(흰 쿠분), 오이

방방지는 닭가슴살에 소스를 뿌려 먹는 중국 요리예요. 진한 맛의 소스는 고기에 잘 어우러져 촉촉한 느낌을 더해줍니다. 향미를 풍기는 야채로 산뜻한 뒷맛을 선사해요.

Ingredients (2인분)

□ 식빵(6장짜리) ··· 4장

□ 샐러드 치킨(p.118 참즈) ··· 180g

□ 방방지 소스

   참깨소스 ··· 3큰술

   간장 ··· 1⅓작은술

   참기름 ··· 1⅓작은술

   식초 ··· 1⅓작은술

   두반장 ··· 1⅓작은술

   설탕 ··· 2/3작은술

   생강(있는 경우, 간 것) ··· 약간

□ 오이 ··· 1개

□ 파(흰 부분) ··· 10cm

□ 고수(큼직하게 썬 것) ·· 적당량

□ 마요네즈 ··· 1큰술

Recipe

1. 파는 길이를 반으로 자르고 심을 제거한 다음 물에 담갔다가 키친 타월로 물기를 닦는다. 흰 부분만 따로 빼서 가늘게 채 썬다. 오이는 3mm 두께로 어슷썰기 한다. 샐러드 치킨은 먹기 좋게 찢는다.

2. 방방지 소스를 만든다. 재료를 볼에 넣고 매끄러워질 때까지 섞는다. **1**의 샐러드 키친을 넣어 버무린다.

3. 빵 2장의 한쪽 면에 마요네즈를 바르고 오이를 조금씩 겹쳐 올린다. 파, **2**, 고수를 올린 다음 나머지 빵으로 덮는다.

• 자를 때는 랩으로 감싸 랩째로 자르면 편리하다.
• 오이를 가로로 길게 놓고 세로로 자르면 사진과 같은 단면이 된다.

119

치킨 우엉 유자마요 샌드위치

빵 종류 식빵

속재료 샐러드 치킨·우엉을 유자 마요 네즈로 버무린 것, 래디시

우엉의 식감과 유자후추의 자극적인 맛에 자꾸 손이 가는 일본풍의 샌드위치예요. 래디시는 양상추나 무순으로 대신해도 좋아요.

Ingredients (2인분)

□ 식빵(6장짜리) ··· 4장

□ 샐러드 치킨(p.118 참조) ··· 180g

□ 우엉(채 친 것) ··· 50g

□ 소금 ··· 약간

□ A 마요네즈 ··· 2½큰술

  └ 유자후추 ··· 1/2작은술

□ 래디시(둥글게 썬 것) ··· 5~6개분

□ 마요네즈 ··· 2작은술

Recipe

1. 냄비에 물을 넣고 끓이다가 소금을 넣고 우엉을 빠르게 데친 다음 체에 밭쳐 물기를 제거한다.

2. 볼에 A를 넣어 섞고 샐러드 치킨을 먹기 좋게 찢어 넣은 다음 **1**도 추가하여 버무린다.

3. 빵 2장에 **2**, 래디시를 올린다. 나머지 빵의 한쪽 면에 마요네즈를 발라 덮는다.

치킨 셀러리 카레마요 샌드위치

빵 종류 식빵

속재료 양상추, 토마토,
샐러드 치킨·셀러리·고수를
카레 마요네즈로 버무린 것

셀러리의 향과 양상추의 아삭한 식감이 인상적인 맛으로 만났어요. 카레 마요네즈와 토마토의 대조도 재미있어요.

Ingredients (2인분)

□ 식빵(6장짜리) ⋯ 4장

□ 샐러드 치킨(p.118 참조) ⋯ 160g

□ 셀러리(가로로 얇게 썬 것) ⋯ 1/2개분

□ 고수(있는 경우, 굵게 다진 것)

⋯ 적당량

□ A 마요네즈 ⋯ 3큰술

카레가루 ⋯ 1작은술

레몬즙 ⋯ 1작은술

└ 소금, 후추 ⋯ 각 약간

□ 양상추 ⋯ 4장

□ 토마토 ⋯ 작은 것 1가

□ 마요네즈 ⋯ 2작은술

Recipe

1. 양상추는 얼음물에 담가 아삭하게 만들고 키친타월로 물기를 없앤 다음 먹기 좋게 찢는다. 토마토는 7mm 두께로 둥글게 썰고 씨를 제거한다. 샐러드 치킨은 먹기 좋게 찢는다.

2. 볼에 A를 넣어 섞고 샐러드 치킨, 셀러리, 고수를 넣어 버무린다.

3. 빵은 토스터로 굽고 빵 2장에 **2**, 토마토, 양상추를 순서대로 올린다. 나머지 빵의 한쪽 면에 마요네즈를 발라 덮는다.

• 자를 때는 랩으로 감싸 랩째로 자르면 편리하다.

고등어 요거트 소스 샌드위치

빵 종류 바게트

속재료 요거트 소스, 고등어 소테,
적양파, 셀러리

터키식 샌드위치를 참고하여 만들었어요. 야채와 요거트 소스가 고등어의 맛을 돋보이게 해준답니다.

Ingredients (2인분)

☐ 바게트 ⋯ 40cm

☐ 간고등어 ⋯ 200g

☐ 올리브오일 ⋯ 약간

☐ 화이트와인 ⋯ 1큰술

☐ 셀러리(가로로 얇게 썬 것)

⋯ 1/2개분

☐ 적양파(얇게 썬 것) ⋯ 1/4개분

☐ A 마요네즈 ⋯ 1½큰슬

└ 머스터드 ⋯ 1½작은술

☐ 요거트 소스

요거트(물기 없앤 것) ⋯ 50ml

레몬즙 ⋯ 1/2큰술

마늘(간 것) ⋯ 1/4쪽분

민트 잎(잘게 다진 것) ⋯ 1작은술

소금, 후추 ⋯ 각 약간

* 요거트는 체에 면보를 깔고 플레인요거트
100ml를 넣어 약 30분간 물기를 빼서 사용
한다. 혹은 시판용 그릭요거트를 사용해도
좋다.

Recipe

1. 고등어는 길이를 반으로 자른다. 프라이팬에 올리브오일을 두르고 중불에 올린 다음 껍질 부분을 아래로 하여 약 3분간 굽는다. 뒤집어서 화이트와인을 넣고 뚜껑을 덮어 약불에서 약 2분간 찌듯이 굽는다. 배트에 꺼내 반으로 자르고 눈에 띄는 가시는 저거한다.

2. 요거트 소스 재료를 볼에 넣고 매끄러워질 때까지 섞는다.

3. 바게트의 길이를 반으로 자르고 측면으로 칼을 넣어 두께를 반으로 자른다. A를 섞어 단면에 바르고 셀러리, 적양파, **1**을 순서대로 올린 다음 **2**를 뿌려 덮는다. 취향에 따라 레몬을 곁들여 먹을 때 뿌려도 좋다.

연어 와사비 타르타르 샌드위치

손쉽게 구할 수 있는 연어로 만든 볼륨 만점 샌드위치. 타르타르 소스는 연겨자와 양파로 톡 쏘는 맛으로 완성하여 산뜻하게 먹을 수 있어요.

빵 종류 식빵(산형)
속재료 와사비 타르타르 소스, 무순, 연어 소테

Ingredients (2인분)

□ 식빵(산형, 6장짜리) … 4장

□ 생연어 … 2토막(200g)

□ 소금 … 1/3작은술

□ 후추 … 약간

□ 올리브오일 … 1작은술

□ 무순 … 20g

□ 버터(실온에 둔 것) … 1/2큰술

□ 와사비 타르타르 소스

　 삶은 달걀(굵게 다진 것) … 1개분

　 양파(잘게 다진 것) … 30g

　 마요네즈 … 2큰술

　 연와사비 … 1/2작은술

Recipe

1. 생연어는 소금, 후추를 뿌리고 2~3분 두었다가 키친타월로 물기를 제거한다. 와사비 타르타르 소스의 양파는 물에 담갔다가 물기를 짜고 키친타월로 닦는다.

2. 프라이팬에 올리브오일을 두르고 중불에 올린다. 1의 연어를 넣고 양면을 노릇하게 굽는다. 배트에 꺼내 열기를 식히고 눈에 띄는 가시는 제거한다.

3. 와사비 타르타르 소스의 재료를 볼에 넣어 섞는다.

4. 빵을 토스터로 굽고 빵 2장의 한쪽 면에 버터를 바른다. 2, 무순, 3을 순서대로 올리고 나머지 빵으로 덮는다.

• 자를 때는 랩으로 감싼 다음 가볍게 누름돌로 눌러 냉장실에 약 15분 두었다가 속재료가 안정되면 랩째로 자른다.

새우와 망고 샌드위치

빵 종류 식빵
속재료 삶은 새우·망고·아보카도를
두반장 마요네즈로 버무린 것

망고에 두반장과 피시소스를 더해보세요. 스위트 칠리 같은 달·콤하면서 살짝 매콤
한 맛이 새우와 잘 어우러져요. 색 조합도 귀여운 샌드위치입니다.

Ingredients (2인분)

□ 식빵(8장짜리) … 4장

□ 새우살 … 100g

□ 소금 … 약간

□ 망고(커팅된 것) … 80ℊ

□ 아보카도 … 1/2개(60g)

□ 고수(있는 경우, 큼직하게 썬 것)
… 약간

□ A 마요네즈 … 2큰술
두반장 … 1½작은술
피시소스 … 1작은술
마늘(간 것) … 약간

Recipe

1. 새우는 등에 칼집을 넣어 내장을 제거한 다음 소금을 넣은 뜨거운 물
   에 빠르게 데친다. 체에 밭쳐 물기를 없애고 열기를 식힌 다음 2cm
   각으로 자른다.

2. 아보카도와 망고는 2cm 각으로 자른다.

3. 볼에 A를 넣어 잘 섞고 **1, 2**, 고수를 넣어 버무린다.

4. 빵 2장에 **3**을 올리고 나머지 빵으로 덮는다.

• 자를 때는 랩으로 감싼 다음 가볍게 누름돌로 눌러 냉장실에 약 15분 두었다가 속재료
가 안정되면 랩째로 자른다.

흰살생선과 토마토 살사 샌드위치

담백한 흰살생선을 적당히 매콤하면서 신선한 토마토 살사와 조합했어요. 소스가 배어든 바게트와도 꽤 잘 어울려요.

빵 종류 바게트
속재료 토마토 살사, 흰살생선 소테

Ingredients (2인분)

- □ 바게트 … 40cm
- □ 흰살생선(토막) … 2토막(200g)
- □ 소금 … 1/3작은술
- □ 후추 … 약간
- □ 허브(잘게 다진 것, 타임이나
  오레가노 등) … 적당량
- □ 마늘(잘게 다진 것) … 1/2쪽분
- □ 올리브오일 … 약간
- □ 버터(실온에 둔 것) … 1/2큰술
- □ 토마토 살사
  토마토(1cm 각으로 썬 것)
  … 1개분(120g)
  고추(쫑쫑 썬 것) … 3개분
  적양파(다진 것) … 1/4개분(60g)
  마늘(다진 것) … 1/4쪽분
  타바스코 … 5~6방울
  올리브오일 … 1작은술
  소금 … 약간
  고수(있는 경우, 잘게 다진 것)
  … 1작은술

Recipe

1. 흰살생선에 소금, 후추, 허브를 뿌리고 버무린다. 프라이팬에 올리브오일과 마늘을 넣어 중불에 올린 다음 향이 나기 시작하면 흰살생선을 넣어 양면을 노릇하게 굽는다. 배트에 꺼내 열기를 식히고 반으로 자른다.

2. 토마토 살사를 만든다. 프라이팬에 올리브오일과 마늘을 넣어 중불에 올린다. 향이 나기 시작하면 고추를 가볍게 볶그 토마토를 넣어 빠르게 볶은 다음 내열 볼에 옮긴다. 적양파와 타바스코, 고수를 넣어 섞고 소금으로 간을 한다.

3. 바게트의 길이를 반으로 자르고 측면으로 칼을 넣어 두께를 반으로 자른다. 단면에 버터를 바르고 **1, 2**를 올린 다음 덮는다.

새우 포보이

빵 종류 바게트
속재료 새우튀김, 토마토, 양상추,
　　　　 갈릭 마요네즈

뉴올리언스의 명물 '포보이'를 응용했어요. 바삭하면서 스파이시한 새우튀김에 마늘 풍미의 마요네즈를 매치시켰어요.

Ingredients (2인분)

- □ 바게트 … 40cm
- □ 칵테일새우 … 120g
- □ A 화이트와인 … 1큰술
  - 카레가루 … 1/3작은술
  - 소금 … 1/3~1/2작은술
  - 마늘(간 것) … 약간
  - 커민파우더, 칠리파으더, 오레가노파우더 등(있는 경우)
  - … 합쳐서 1/3작은술
- □ 강력분 … 3큰술
- □ 양상추 … 2~3장
- □ 토마토 … 1/2개
- □ B 마요네즈 … 3~4큰술
  - 마늘(간 것) … 약간
- □ 튀김유 … 적당량

Recipe

1. 새우는 등에 칼집을 넣어 내장을 제거한다. 볼에 A와 새우를 넣어 섞고 강력분을 꼼꼼하게 묻힌다. 프라이팬에 튀김유를 1cm 깊이로 넣고 중불에 올린다. 새우를 넣어 바삭해질 때까지 튀긴다. 꺼내서 기름을 제거한다.

2. 양상추는 얼음물에 담가 아삭하게 만든 다음 키친타월로 물기를 제거하고 먹기 좋게 찢는다. 토마토는 7mm 두께로 반달 모양으로 자르고 씨를 제거한다.

3. 바게트의 길이를 반으로 자르고 측면으로 칼을 넣어 두께를 반으로 자른다. B를 섞어 단면에 바른 다음 양상추, 토마토, **1**을 순서대로 올리고 덮는다. 취향에 따라 칠리파우더를 뿌려도 맛있다.

PART 6

Sweet
Sandwiches

디저트로 먹기 좋은 스위트 샌드위치

과일을 생크림이나 페이스트와 조합한 샌드위치는 적당히 달콤해서 디저트나 간식으로 딱이에요. 빵은 부드러운 식빵이 가장 잘 어울려요. 달콤한 맛과 부드러운 식감은 행복한 기분으로 만들어줍니다.

딸기 크림 샌드위치

빵 종류 식빵

속재료 딸기, 사워크림을 넣은 생크림

생크림에 사워크림을 넣으면 제대로 단단한 크림이 만들어져요. 저는 딸기도 크림도 잔뜩 넣어 먹는 것을 좋아해요.

Ingredients (2인분)

☐ 식빵(8장짜리) … 4장

☐ 딸기 … 12개

☐ 사워크림 … 50g

☐ 생크림 … 150ml

☐ 설탕 … 1큰술

☐ 꿀 … 1큰술

Recipe

1. 볼에 사워크림, 생크림, 설탕을 넣고 거품기로 섞어 80% 정도(떴을 때 부드럽게 뿔이 서는 정도)로 거품을 낸다. 꿀을 넣어 다시 섞고 90% 정도(떴을 때 뿔이 확실히 서는 정도)로 거품을 낸다.

2. 딸기 6개는 세로로 반을 자른다.

3. 빵 2장의 한쪽 면에 **1**을 1/4 분량씩 바르고 세로 중앙에 자르지 않은 딸기를 3개씩 올린다. 좌우의 빈 곳에 **2**의 딸기를 올리고 나머지 **1**을 딸기가 가려지도록 올린 다음 나머지 빵으로 덮는다.

• 사워크림이 없으면 생크림을 200ml로 하여 같은 방법으로 만들어도 된다.

• 자를 때는 랩으로 감싸 냉장실에 약 30분 두어 크림이 단단해지면 랩째로 자른다.

• 자르지 않은 딸기를 세로로 자르면 사진과 같은 단면이 된다.

• 도시락으로 가져갈 때는 보냉제를 사용하면 좋다.

바나나 초코크림 샌드위치

빵 종류 식빵
속재료 초콜릿 소스, 바나나 럼 휘핑크림

촉촉한 바나나의 단맛을 살리고 초코 소스는 많이 달지 않게 했어요. 크림에 럼을 넣은 어른스러운 맛입니다.

Ingredients (2인분)

□ 식빵(8장짜리) ··· 4장

□ 바나나 ··· 작은 것 6개

□ 초콜릿 소스

　판 초콜릿(다크) ··· 15g

　우유 ··· 2작은술

□ 럼 휘핑크림

　생크림 ··· 150ml

　설탕 ··· 1큰술

　럼주 ··· 1/2큰술

Recipe

1. 초콜릿 소스를 만든다. 판 초콜릿은 잘게 다지고 우유 1작은술과 함께 내열 볼에 넣는다. 전자레인지로 약 20초 가열한 다음 꺼낸다. 섞어서 초콜릿이 녹으면 나머지 우유를 넣고 다시 섞는다.

2. 럼 휘핑크림을 만든다. 볼에 생크림, 설탕을 넣고 거품기로 90%(떴을 때 뿔이 확실히 서는 정도)로 거품을 낸 다음 럼주를 넣어 빠르게 섞는다.

3. 식빵 2장의 한쪽 면에 **2**를 1/4 분량씩 바르고 3열이 되도록 바나나를 3개씩 올린다. 나머지 **2**를 바나나가 가려지도록 올린 다음 **1**을 뿌려서 숟가락으로 가볍게 펼치고 나머지 빵으로 덮는다.

- 자를 때는 랩으로 감싸 냉장실에 약 30분 두어 크림이 단단해지면 랩째로 자른다.
- 바나나를 가로로 길게 올리고 세로로 자르면 사진과 같은 단면이 된다.
- 도시락으로 가져갈 때는 보냉제를 사용하면 좋다.

레몬연유버터 샌드위치

빵 종류 바게트
속재료 레몬연유버터크림

진한 밀크 크림이 특징인 밀크 프랑스(바게트 사이에 연유 크림을 넣은 빵)를 산뜻한 맛으로 완성했어요. 레몬의 향이 확 퍼지는 것이 특징인 바게트 샌드위치예요.

Ingredients (2인분)

- □ 바게트 … 40cm
- □ 무염버터(실온에 둔 것) … 40g
- □ 연유 … 30g
- □ 레몬즙 … 1작은술
- □ 레몬껍질(간 것) … 약간

Recipe

1. 버터는 볼에 넣고 주걱을 이용해 크림 상태로 이긴다. 연유, 레몬즙, 레몬껍질을 넣고 잘 섞는다.

2. 바게트는 길이를 반으로 자르고 측면으로 칼을 넣어 두께를 반으로 자른다. 한쪽 단면에 **1**을 바르고 취향에 따라 레몬껍질을 뿌린 다음 한쪽 빵으로 덮는다.

피치 멜바 샌드위치

빵 종류 식빵

속재료 라즈베리, 복숭아, 요거트 크림

복숭아의 진한 달콤함에 라즈베리의 새콤함을 더한 '피치 멜바'를 샌드위치로 만들었어요. 크림은 요거트를 넣어 가볍게 완성했어요.

Ingredients (2인분)

□ 식빵(10장짜리) … 4장

□ 복숭아 … 작은 것 1개

□ 레몬즙 … 약간

□ 라즈베리(냉동) … 5~6알

□ 요거트 크림

　생크림 … 100ml

　요거트(물기 제거한 것) … 30ml

　꿀 … 1작은술

　설탕 … 1큰술

* 요거트는 체에 면보를 깔고 플레인
요거트 60ml를 넣어 약 30분간 물기를
빼서 사용한다. 혹은 시판용 그릭요거트
를 사용해도 좋다.

Recipe

1. 요거트 크림을 만든다. 볼에 생크림, 설탕을 넣고 거품기로 80%(떴을 때 부드럽게 뿔이 서는 정도)로 거품을 낸다.

2. 다른 볼에 요거트와 꿀을 넣어 섞고 **1**을 넣어 확실히 섞는다.

3. 복숭아는 빗모양썰기로 6등분하고 레몬즙을 뿌린다.

4. 빵 2장의 한쪽 면에 **2**를 1/4 분량씩 바르고 복숭아를 절반씩 올린다. 빈 곳에 라즈베리를 뿌리고 나머지 **2**를 과일이 가려질 정도로 올린 다음 나머지 빵으로 덮는다.

- 자를 때는 랩으로 감싸 냉장실에 약 30분 두고 크림이 단단해지면 랩째로 자른다.
- 도시락으로 가져갈 때는 보냉제를 사용하면 좋다.

라즈베리 피넛버터 샌드위치

빵 종류 통밀식빵

속재료 피넛버터, 라즈베리잼

미국에서는 포도잼으로 만드는 경우가 많은 콤비예요. 피넛버터의 짭짤함과 라즈베리의 새콤달콤함에 계속 손이 가는 샌드위치입니다.

Ingredients (2인분)

□ 통밀식빵(8장짜리) … 4장

□ 라즈베리잼(시판용) … 60g

□ 피넛버터(있으면 청크 타입) … 60g

Recipe

빵 2장의 한쪽 면에 라즈베리잼, 나머지 빵의 한쪽 면에 피넛버터를 발라 덮는다.

무화과 마스카르포네크림 샌드위치

빵 종류 식빵
속재료 무화과, 마스카르포네크림

입에서 부드럽게 녹아내리는 무화과와 밀키한 마스카르포네. 잘 어울리는 두 가지의 재료에 꿀의 달콤함이 더해지면 더할 나위 없어요.

Ingredients (2인분)

☐ 식빵(8장짜리) … 4장

☐ 무화과 … 2개

☐ 마스카르포네크림

　생크림 … 100ml

　마스카르포네치즈 … 50g

　설탕 … 1½큰술

　꿀 … 1큰술

Recipe

1. 마스카르포네크림을 만든다. 볼에 생크림, 마스카르포네치즈, 설탕을 넣고 거품기로 90%(떴을 때 뿔이 확실히 서는 정도)로 거품을 낸다. 꿀을 넣고 빠르게 섞는다.

2. 무화과는 세로로 반을 자른다.

3. 빵 2장의 한쪽 면에 **1**을 1/4 분량씩 바르고 세로 중앙에 무화과를 2조각씩 올린다. 나머지 **1**을 무화과가 가려질 정도로 올리고 나머지 빵으로 덮는다.

• 자를 때는 랩으로 감싼 다음 냉장실에 약 30분 두어 크림이 단단해지면 랩째로 자른다.
• 무화과를 세로로 올리고 세로로 자르면 사진과 같은 단면이 된다.
• 도시락으로 가져갈 때는 보냉제를 사용하면 좋다.

Sweet
Sandwiches 7.

키위 치즈크림 샌드위치

빵 종류 식빵
속재료 키위, 치즈크림, 마멀레이드잼

레어치즈케이크를 떠올리며 만든 샌드위치예요. 쌉쌀한 마멀레이드가 보기에도 예쁘고 맛에도 깊이를 준답니다.

Ingredients (2인분)

□ 식빵(10장짜리) … 4장
□ 키위 … 2개
□ 치즈크림
　크림치즈 … 70g
　생크림 … 100ml
　설탕 … 1큰술
□ 마멀레이드잼(시판용) … 2큰술

Recipe

1. 치즈크림을 만든다. 크림치즈를 내열용기에 넣고 전자레인지로 약 20초 가열하여 부드럽게 만든다. 볼에 생크림과 설탕을 넣고 거품기로 80%(떴을 때 부드럽게 뿔이 서는 정도) 거품을 낸 다음 크림치즈를 넣고 빠르게 섞어 뿔이 뾰족하게 서는 상태로 만든다.

2. 키위는 5mm 두께의 반달 모양으로 자른다.

3. 빵 2장의 한쪽 면에 마멀레이드잼을 바르고 **1**을 1/4 분량씩 바른다. 키위를 세로 중앙에 조금씩 겹쳐 올리고 나머지 키위는 주변에 뿌린다. 나머지 **1**을 키위가 가려지도록 올리고 나머지 빵으로 덮는다.

• 자를 때는 랩으로 감싼 다음 냉장실에 약 30분 두어 크림이 단단해지면 랩째로 자른다.
• 키위를 세로로 겹쳐 올린 다음 세로로 자르면 사진과 같은 단면이 된다.
• 도시락으로 가져갈 때는 보냉제를 사용하면 좋다.

마롱 커피크림 레이즌 샌드위치

커피와 럼레이즌이 마롱크림의 단맛과 잘 어우러져요. 어른들이 먹기 좋은 샌드위치입니다.

빵 종류 건포도빵
속재료 마롱크림, 럼레이즌, 커피크림

Ingredients (2인분)

□ 건포도빵(8장짜리) … 4장
□ 커피크림
　생크림 … 200ml
　설탕 … 1큰술
　인스턴트커피 … 1/2작은술
　뜨거운 물 … 1작은술
□ 마롱크림(시판용) … 3큰술
□ 럼레이즌(시판용) … 2큰술

* 럼레이즌은 작은 내열용기에 건포도 2큰술과 럼주 1/2큰술을 넣어 랩을 헐겁게 씌운 다음 전자레인지로 약 10초 가열한 것을 사용해도 좋다.

Recipe

1. 커피크림을 만든다. 인스턴트커피를 분량의 물로 녹인 다음 식힌다.

2. 볼에 생크림과 설탕을 넣고 거품기로 90%(떴을 때 뿔이 확실히 서는 정도)로 거품 낸다. **1**을 넣고 빠르게 섞는다.

3. 빵 2장의 한쪽 면에 **2**를 바르고 럼레이즌을 뿌린다. 나머지 빵의 한쪽 면에 마롱크림을 발라 덮는다.

• 자를 때는 랩으로 감싼 다음 냉장실에 약 30분 두어 크림이 단단해지면 랩째로 자른다.
• 도시락으로 가져갈 때는 보냉제를 사용하면 좋다.

딸기 팥앙금 버터 샌드위치

앙버터 샌드위치에 새콤달콤한 딸기를 더했어요. 버터는 각각의 풍미가 살아나도록 무염을 사용하면 좋습니다.

빵 종류 식빵
속재료 딸기, 팥앙금, 버터

Ingredients (2인분)

□ 식빵(8~10장짜리) … 4장
□ 무염버터(실온에 둔 것) … 2큰술
□ 딸기 … 6개
□ 팥앙금(시판용) … 3큰술

Recipe

빵의 한쪽 면에 버터를 바르고 빵 2장에 팥앙금을 1/4 분량씩 바른다. 딸기를 3개씩 중앙에 세로로 나열하고 나머지 팥앙금을 딸기가 가려지도록 올린 다음 나머지 빵으로 덮는다.

• 자를 때는 랩으로 감싼 다음 냉장실에 약 15분 두어 크림이 단단해지면 랩째로 자른다.
• 딸기를 세로로 올리고 세로로 자르면 사진과 같은 단면이 된다.

런치 샌드위치

1판 1쇄 발행일 2021년 3월 25일

지은이   와카야마 요코
옮긴이   송유선

펴낸곳   리틀프레스
출판등록   제2019-000142호
주소   서울특별시 마포구 월드컵북로4길 77, 354호(동교동)
팩스   02-6499-4524
이메일   little_press@naver.com

ISBN   979-11-970964-2-6 13590

ㅇ 잘못된 책은 구입하신 곳에서 바꿔드립니다.
ㅇ 이 책에 수록된 내용이나 사진, 일러스트 등을 출판권자의 허락 없이 복제 배포하는 행위는 저작권법에
위반됩니다.